D1674927

Emanuele Cerquiglini

L'ACTE MAGIQUE

Fellini, Lynch et Jodorowksy.
Comment trois grands réalisateurs
ont réussi à attirer les idées créatives
et l'inspiration des mondes invisibles.

STUDIOLO ALCHEMICO

Étude alchimique

Copyright © 2020 par Emanuele Cerquiglini:.

www.cerman.info

www.studioloalchemico.com

liste de diffusion: info@studioloalchemico.com

Deuxième édition. Juin 2022.

INDEX

INTRODUCTION   7

CHAPITRE 1
FELLINI ET LE PARANORMAL   13
  FEDERICO FELLINI ET GUSTAVO ROL   14
  FELLINI DE L'OCCULTISME À
  L'ESOTÉRISME, EN PASSANT PAR LE LSD   31
  JULIETTE DES ESPRITS   46
  LE CASANOVA DE FEDERICO FELLINI   51
  HUIT ½   58
  FILMS JAMAIS RÉALISÉS PAR FELLINI: LE
  VOYAGE DE G. MASTORNA ET VOYAGE A
  TULUM   63

CHAPITRE 2
DAVID LYNCH ET LA MÉDITATION
TRANSCENDANTALE   87
  LYNCH MÉDITATION ET CRÉATIVITÉ   88
  LE SYMBOLISME DANS LE CINÉMA DE
  LYNCH   97
  LES SECRETS DE TWIN PEAKS   104

CHAPITRE 3
ALEJANDRO JODOROWSKY, DE LA LECTURE DES CARTES DE TAROT À LA PSYCHOMAGIE — 117
   CASTANEDA ET DON JUAN — 118
   LA DANSE DE LA RÉALITÉ — 134
   PSYCHOMAGIE — 139

CONCLUSIONS — 149

BIBLIOGRAPHIE — 153

SITOGRAPHIE — 157

L'AUTEUR — 159

CONSIDÉRATIONS SUR LA DERNIÈRE PAGE — 161

Remerciements particuliers à mon ami Alain Dufrêne pour l'édition française de ce livre.

A ma femme Sarah, gardienne de mon cœur et heureuse surprise chaque jour.

Je t'aime.

À mon fils Gabriel, l'espoir d'un avenir sur le chemin de la vérité, qui apportera avec lui des générations pacifiques et tolérantes, à nouveau capables d'esprit critique et opposées à toute forme de manipulation et de tyrannie, dignes gardiennes des droits de l'homme et de la liberté. Je t'aime

Emanuele Cerquiglini

INTRODUCTION

La réalisation d'un film est un processus créatif et en tant que tel, au-delà de la simple technique, il émerge de l'intuition: cet état d'être qui permet une perception rapide et aiguë. Un état lié à la conscience absolue, comparable à l'état d'illumination des grands initiés et des maîtres spirituels. Ce sont les psychologues qui ont défini le cinéma comme une simulation des rêves, en comparant le processus cinématographique au processus du rêve à travers certaines conditions nécessaires à la simulation de la phase REM (rapid eye movement), puis la fermeture des paupières équivaut à créer l'obscurité dans la salle et à commencer à rêver, c'est le début de la vision du film. Fellini, s'il n'était pas devenu le grand réalisateur que nous connaissons tous, a déclaré qu'il aurait autrement voulu être peintre ou magicien.

Son amitié avec le Dr Gustavo Rol de Turin, un homme éclairé aux possibilités incroyables, a

été déterminante dans la décision d'aborder plusieurs films, comme Il Casanova de Federico Fellini, et d'en abandonner d'autres, comme les films à problèmes Il viaggio di G. Mastorna ou Viaggio a Tulum. Les deux films ont une forte composante ésotérique: le premier est un voyage dans l'au-delà et le second était censé raconter les événements relatés dans les livres de Castaneda, qui sont pleins de rites magiques et de pouvoirs paranormaux, de mondes suprasensibles et de dimensions astrales. Fellini raconte dans son livre "Fare un film", qu'il avait commencé ses expériences ésotériques dès l'enfance, à l'âge de sept ou huit ans, par le développement de ses talents imaginatifs. Il avait commencé de manière rituelle, en donnant aux coins de son lit les noms des quatre cinémas de Rimini: Opera Nazionale Balilla, Fulgor, Sultano et Savoia, et une fois sous les couvertures, souvent la tête sous l'oreiller, il fermait les yeux et attendait que le spectacle commence sur l'écran de son esprit.

Un spectacle de lumières colorées, de flammes, de vitraux, de tourbillons, de sphères, de points lumineux et plus encore. Un spectacle qu'il a répété en se déplaçant aux quatre coins du lit, jusqu'à ce qu'il soit naturellement épuisé. Il faisait une pause de quelques minutes avant de s'attaquer au nouveau coin du lit, et la manifestation colorée qui se présentait dans son esprit perdait inévitablement de l'intensité coin après coin. Ceux qui ont eu une expérience dans le domaine de la méditation reconnaîtront ces expériences comme les premières passerelles fantastiques vers le voyage intérieur. L'écran noir, que presque tout le monde a l'habitude de voir en fermant les yeux, est un film qui n'a jamais été tourné, qui réclame la vie et attend la permission de son propre réalisateur, pour franchir la frontière vers un état de conscience préalable au sommeil. Pour Fellini, Rol était un personnage hors de la mesure habituelle de ceux qui travaillent habituellement dans le domaine de la parapsychologie.

Fellini, au début de la trentaine, avait commencé une longue recherche, qui l'avait amené à rencontrer des magiciens, des médiums, des fakirs, des illusionnistes et des charlatans, étant donné son énorme curiosité de voir et de connaître ce qu'il appelait "le monde magique", "la gorge de l'inconnu" et sur lequel il n'avait trouvé aucune réponse, mais seulement de la confusion à tra-

vers la lecture désordonnée de certains livres et dans les bavardages sur certains sujets. Jusqu'à ce qu'il rencontre Rol, éprouvant le désarroi suscité par les prodiges survenus lors de ses célèbres expériences, qui devient alors son ami et son point de référence. Si la magie et le paranormal avaient été l'inspiration et la fascination de Fellini, David Lynch, lui, a fait de la méditation transcendantale cette méthode de recherche intérieure qui, en l'entraînant dans l'océan des idées, lui a permis, selon ses propres termes, d'attraper les plus gros poissons. Dans le cinéma de Lynch, le spectateur est souvent transporté à l'intérieur d'un monde mystérieux, énigmatique, difficile à comprendre, où même le temps et l'espace peuvent se déformer comme dans un rêve ou un cauchemar.

Dans ce paysage, comme dans un voyage, le spectateur est accompagné par le regard étonné et incrédule d'un protagoniste, lui aussi inexpérimenté dans la dimension où il est placé. Dans son premier long métrage, "Ereaserhead, the erasing mind". Dans son discours, Lynch exprime l'idée que le véritable bonheur, l'épanouissement humain, se trouve à l'intérieur de soi et non à l'extérieur, dans le monde extérieur.

Le mystère est l'aimant qui attire Lynch et détermine son cinéma, qui est aussi fait de mystères qui mènent à des mystères, comme une spirale qui s'enfonce dans les profondeurs. L'analyse de son cinéma met en évidence la composante symbolique, qui puise dans la nature et est révélée à un niveau subconscient par le spectateur, tandis que les objets peuvent parfois devenir un portail vers d'autres dimensions comme dans le film Fire Walk with Me ou la série télévisée The Mysteries of Twin Peaks. Alejandro Jodorowsky, en plus d'être un cinéaste, est un expert en tarot, un guérisseur et un emblème de la culture ésotérique et mystérieuse des années 1970.

Il a récemment donné une dimension cinématographique à son travail thérapeutique par le biais de la psychomagie, qui repose sur des actes et des expériences poétiques et qu'il considère comme une alternative moins coûteuse et plus rapide au processus traditionnel de psychanalyse. Pour Jodorowsky, le concept de temps se résume à la phrase: "Je suis ce que je serai" et cette dimension qui unit passé, présent et futur fait partie de cet univers onirique, qui cède tout pouvoir à l'imagination, se transformant de la peinture au mot dans l'accomplissement de l'acte créateur et qu'il a souvent utilisé à travers son esthétique cinématographique. Dans cette thèse, à travers l'analyse d'un certain nombre de films, je voudrais esquisser ce fil conducteur qui, à travers des expériences différentes, unit Fellini, Lynch et Jodorowsky: trois maîtres fascinés par l'inconnu et poussés à une quête intérieure, qui est devenue au fil du temps la clé de leur propre créativité et le témoignage direct des expériences transcendantales personnelles que tout homme peut atteindre et dont l'art peut témoigner.

CHAPITRE 1
FELLINI ET LE PARANORMAL

FEDERICO FELLINI ET GUSTAVO ROL

Qu'il y avait entre Rol et Fellini une attraction spirituelle et intellectuelle, marquée par une profonde estime mutuelle qui, à travers un sincère sentiment d'amitié, les accompagnera depuis leur rencontre à Turin en 1963 -après la sortie du film Huit ½- pendant trente ans, jusqu'à la mort du réalisateur en 1993.

D'après une lettre de Rol datée du 26 octobre 1980[1]

"Quand j'ai rencontré Fellini pour la première fois, j'ai été surpris par la disponibilité qu'il m'a offerte avec son extraordinaire attention. Dans les questions qu'il m'a posées, sa personnalité s'est effacée et c'est l'apanage du génie qui est constamment à la recherche de ce qui peut l'enrichir. Mais ensuite, une fois passés les scrupules de la rencontre avec le personnage, je me suis rendu compte de l'acuité du regard de son "troisième oeil" et de l'imagination abyssale dont son esprit était capable. Je voudrais souligner la juxtaposition de l'intuition de Fellini avec

---

1. M. L. Giordano, Gustavo Adolfo Rol "io sono la grondaia", Giunti, 2000, 2018.

l'imagination qui conduit sa pensée à cette profondeur où la vérité est un pur sens esthétique".

Il est intéressant de noter que dans la même lettre - en parlant du cinéma de Fellini -, Rol déclare ne pas avoir vu Il Casanova, un film qu'il considère en fait comme la cause principale de la déformation des idées initiales que Fellini avait assumées dans la construction du protagoniste: Casanova lui-même, au point d'inciter le réalisateur à des reconsidérations si radicales qu'il a dû changer le scénario qu'il avait déjà approuvé. Nous verrons plus tard, dans le chapitre sur le film en question, la raison pour laquelle Fellini a décidé de changer la manière de raconter son Casanova.

Rol, quant à lui, préfère s'attarder sur la répétition de l'orchestre, où il se déclare stupéfait, et compare les éléments physiques et métaphysiques de l'art musical du film à des composants dotés d'une personnalité propre, rappelant le génie de Mozart dans ses concertos pour cor. Le film combine la réalité avec le surnaturel, une caractéristique de Fellini. C'est précisément le surnaturel qui est le sujet qui met souvent Fellini et Rol en conflit et nous le verrons également à propos de l'échec de la réali-

sation des films Il viaggio di G. Mastorna et Viaggio a Tulum, que j'analyserai plus tard.

Rol rappelle que depuis de nombreuses années, il y a un échange de pensées entre lui et Fellini, réitérant que Fellini n'est pas un fan rigide des théories d'Allan Kardec[2] sur la base du fait que lui-même a fondé sa doctrine sur le chemin idéal que l'"esprit intelligent[3]" de l'homme est capable de parcourir, affirmant qu'il n'a jamais suivi ce chemin avec Fellini.

---

2. A. Kardec, Le Livre de l'Esprit, Edizioni Mediterranee, 2000-2007, Notes biographiques sur A. Kardec: Il fut un éducateur de la jeunesse et se distingua également dans le domaine littéraire, où il a laissé des écrits instructifs. Éclairé par les expériences médiumniques, et médium lui-même, il a collecté et ordonné les messages qu'il recevait. Son "Livre des Esprits", dont la première édition est parue en 1857, a suscité un intérêt universel pour le sujet, et de nombreuses controverses ont suivi sa publication... Parmi ses principales publications: Le Livre des Médiums et L'Evangile selon les Esprits.

3. R. Lugli, Gustavo Rol una vita di prodigi, Edizioni Mediterranee, 1995-2008, p.26 expose la théorie de Rol sur "l'esprit intelligent". J'en cite un passage: "Chaque chose a son propre esprit dont les caractéristiques sont liées à la fonction de la chose elle-même. L'homme, en revanche, est un "esprit intelligent" parce qu'il surpasse et est capable, en ce qui le concerne, de réguler, sinon de dominer, les instincts qui animent sans cesse tout ce qui existe et se forme. Cette prérogative de l'homme est sublime et telle qu'il la reconnaît à l'instant précis où il la perçoit. J'ai défini la conscience sublime comme toute tentative d'atteindre, bien que par la matière, des dimensions hors de l'ordinaire. En admettant que le génie fasse encore partie de l'instinct, les produits du génie appartiennent plutôt à cette liberté de créer qui est l'apanage de l'"esprit intelligent" de l'homme, donc bien au-delà de l'instinct lui-même. Cette considération serait suffisante pour comprendre l'existence de l'âme, qui est alors identifiée à cette harmonie universelle à laquelle elle contribue et participe".

Nous pouvons certainement dire que nous avons affaire à deux personnalités brillantes, deux illuminés sur des chemins différents et parallèles, celui qui a fait - en leur temps et pas seulement -, de Rol le maître spirituel le plus important de l'Occident et de Fellini le plus grand cinéaste du monde. "Qualifier Fellini d'illuminé me semble justifié, compte tenu de l'immense lumière qui nous parvient de lui". C'est par ces mots que Rol conclut sa lettre du 26 octobre 1980. Après tout, au sens aristotélicien, les initiés ne sont pas des individus qui doivent apprendre quelque chose dans un sens notionnel, mais qui ressentent une certaine émotion et maintiennent - jusqu'à l'être -, une certaine disposition d'esprit. Fellini avait défini Rol comme un personnage qui ne pouvait pas être mesuré dans le domaine de la parapsychologie, le comparant à une créature aux yeux brillants et vifs qui donnait l'impression de venir d'une autre planète, malgré son attitude familière et plaisante pour oublier la réalité[4].

C'est ainsi que Fellini avait encadré Rol, le pla-

---

4. F. Fellini, Fare un film, Einaudi, Torino, 1980,1993, 3015, p.92, p.93

çant au-dessus de tous les personnages étroitement liés à ces royaumes. Il y a aussi ceux, comme M. Lorenzo Pellegrino[5], -qui a fréquenté Rol des années 60 aux années 90 en tant que jeune homme-, qui ont témoigné avoir vu Fellini demander à Rol de marcher sur la surface d'un petit lac dans le parc Valentino, situé non loin du domicile de Rol à Turin. Pellegrino raconte avoir vu Rol assis sur un banc en compagnie de Fellini, puis avoir marché avec eux. Ce n'est pas la première fois que, lors d'une visite à Rol, il rencontre aussi Fellini, qui, à cette occasion, est très joyeux et, comme toujours, harcèle de questions son ami aux possibilités incroyables. Arrivé à proximité de ce que Rol appelle "la mare aux canards", vient la question fatidique que Rol avait déjà deviné, lisant probablement dans l'esprit de Fellini, au point de lui demander soudainement: "Qu'est-ce que je dois faire?" et Fellini, les yeux souriants et sans être trop surpris, saisit immédiatement l'occasion: "pourquoi ne me montres-tu pas comment marcher sur l'eau?".

Rol regarde autour d'elle, s'assurant qu'il n'y a

---

5. L. Pellegrino, Rol marche sur l'eau en présence de Fellini, Archives Franco Rol, 22 février 2016 https://www.youtube.com/watch?v=uWpgXHI6m4g

personne d'autre, puis commence à marcher sur la balustrade en fer qui entoure l'étang. Il le fait en enjambant les barreaux - comme lui seul pouvait le faire - et à la stupéfaction de Fellini, il commence à marcher résolument à la surface de l'eau, sans la toucher avec la semelle de ses chaussures, en plaisantant qu'il pourrait se noyer et en faisant quelques pas vers le centre de l'étang, à la grande joie de Fellini, qui riait à gorge déployée, en couinant et heureux comme un petit garçon. À l'arrivée d'un couple éloigné avec un chien, Rol décide de faire calmement demi-tour pour ne pas se faire remarquer et, après avoir dépassé la limite entre l'eau et le sol, il simule l'ouverture d'un portail imaginaire, franchissant à nouveau les barreaux avec son corps, comme s'il était dépourvu de matière. Le couple avec le chien", raconte Pellegrino, "une fois qu'ils sont à une courte distance et même après être passés devant eux, ils se tournent, regardent et sourient, peut-être pas à cause de l'événement stupéfiant, où la distance aurait pu empêcher la vision stupéfiante de l'événement, mais à cause de la présence de deux personnages aussi importants, en particulier Fellini, qui aurait pu être reconnu par n'importe qui dans le monde. Fellini a été témoin de plusieurs expériences du Dr Rol, depuis celles avec des cartes que Rol appelait " enchères ": des expériences incroyables mais pas effrayantes, propres à réchauffer les soirées et destinées principalement aux néophytes, jusqu'à celles plus complexes qui se déroulaient aussi bien dans le salon de Rol qu'ailleurs, comme une prise qui a eu lieu au milieu des années 60, dans la vaste salle du rez-de-chaussée d'un hôtel central de Turin, où Rol et Fellini étaient assis avec d'autres amis, dont Leo Talamonti, qui raconte un événement curieux dont il a été le témoin direct. Lors d'une réunion, Rol a demandé à Fellini la permission de lui faire une blague, à condition qu'il ait une paire de chaussures de rechange, et lui a demandé de se lever et de faire quelques pas dans la pièce. Alors que Fellini retournait vers le canapé, il s'est mis à boiter à un moment donné. En s'asseyant, il fait glisser son mocassin et remarque qu'il manque un morceau du talon, le même morceau que Rol tenait. Il s'agissait d'un épisode rare de psychokinésie, c'est-à-dire de magie consciente sans rituel, que Rol a décrit comme "une évidence".[6]

---

6. L. Talamonti, "L'univers interdit", Oscar Mondadori, 1966, p. 352-353.

Un autre événement particulier entre Fellini et Rol a eu lieu dans un restaurant de Turin et est raconté par l'écrivain aux multiples facettes Dino Buzzati. Rol et Fellini ont fini de déjeuner et sont sur le point de quitter le restaurant. Alors que Fellini se dirige vers la sortie, il remarque que Rol est toujours assis. Lui demandant de se lever, Rol lui répond qu'il est en fait déjà debout. Rol était bien debout, mais il était aussi grand qu'un nain, lui qui mesurait normalement 1m80. C'était quelque chose d'hallucinant, et Fellini était à bout de souffle. Puis, sans prévenir, Rol s'était soudainement transformé en un homme d'un mètre quatre-vingt, dépassant Fellini d'au moins un empan[7]. Confirmant à la fois l'intérêt de Fellini pour la magie et la pertinence de la figure de Rol dans une partie de la cinématographie du cinéaste romagnol, Filippo Ascione, assistant-réalisateur et ami de Fellini, raconte, dans un entretien avec Manuela Pompas, comment Fellini a inclus dans le film La voce della Luna (La voix de la lune) les éléments de la célèbre loi

---

7. D. Buzzati, "Fellini pour le nouveau film avait des réunions effrayantes", Corriere della Sera, 06/08/65, p. 3

formidable de Gustavo Rol[8]: une chambre verte, une séquence musicale liée à la cinquième note de musique, et un poêle pour représenter la chaleur; puis en soulignant comment le réalisateur a transféré dans ses films toutes ses expériences avec le mystère qui a commencé quand il était enfant, quand à huit ans il avait vu deux figures monstrueuses sortir d'un buisson, ce qui ne l'a pas effrayé, mais lui a fait comprendre qu'il était possible pour les êtres humains de créer leur propre réalité[9].

Encore une fois, Ascione a raconté à Franco Rol (cousin de Gustavo et auteur de plusieurs livres sur les illuminati de Turin), que Fellini avait l'habitude de dire à tout le monde que sa vie était divisée en deux parties: avant Rol et après Rol[10]. Deux autres épisodes importants sont racontés par Buzzati, l'un se passe dans le parc du Valentino au cours d'un après-midi endormi, avec

---

8. C. Ferrari, "G. A. Rol, Io sono la gondaia", Giunti Editore, 2000-2018, Rol écrit à propos de la loi formidable qu'il a découverte à Paris en 1927: "J'ai découvert une loi formidable qui relie la couleur verte, la quinte musicale et la chaleur. J'ai perdu la joie de vivre. Le pouvoir me fait peur. Je n'écrirai pas plus".

9. https://www.karmanews.it/19889/i-miei-incontri-con-rol-e-fellini/

10. F. Rol, Fellini au pays des merveilles: l'amitié avec G.A. Rol, Light and Shadow, vol. 119, fasc. 4, octobre-décembre 2019, p. 291-299.

un Rol taciturne absorbé dans ses pensées, qui s'est un jour assis avec Fellini sur un banc, est interpellé par le réalisateur qui remarque, non loin de là, un bourdon volant près de la voiture d'un enfant avec une nourrice endormie. "Regarde!" lui crie Fellini et Rol, d'un simple claquement de doigts, fait tomber le bourdon à sec, comme s'il était électrocuté. Fellini est impressionné et Rol, à regret, s'excuse auprès de lui de lui avoir montré cela. Le dernier épisode raconté par Buzzati est celui qui a vu Fellini assister et expérimenter la transformation d'une carte.

Rol lui demande d'en choisir une dans le jeu et Fellini choisit le six de trèfle. Rol dit à son ami de la serrer contre sa poitrine et de ne plus jamais la regarder, puis il lui demande en quelle carte il voudrait qu'elle se transforme et Fellini répond le dix de cœur, mais il ne peut résister à sa curiosité et, voyant Rol se concentrer, le regard fixé et spasmodique sur la carte qu'il tenait, il décide de la déplacer légèrement de sa poitrine pour jeter un coup d'œil.

Fellini dit qu'il a vu quelque chose d'horrible et d'indescriptible. Les marques noires des fleurs se désagrégeaient et se décomposaient en une

bouillie grisâtre pour laisser place à des veines rouges. À cette vue, il a senti son estomac se retourner et a ressenti une forte sensation de nausée. Après cela, la carte dans sa main s'était transformée en un dix de cœur[11]. Le journaliste Nevio Boni raconte un épisode qui s'est produit un jour non précisé entre 1982 et 1983. Un jour, il a appelé la maison de Fellini. Sa femme Giulietta Masina répond au téléphone et lui dit que Federico est à Cinecittà en train de monter "E la nave va" et qu'il peut le trouver le lendemain. Rappelant le lendemain, Nevio demande à Federico s'il va venir à Turin pour voir son ami Gustavo. Federico répond qu'il est très occupé en ce moment et que Nevio devra demander à Rol lui-même, et raccroche le téléphone. Après deux secondes, le téléphone du bureau voisin a sonné. C'est Rol qui lui a dit qu'il répondrait à tout ce qu'il voudrait lui demander sur Fellini. Nevio était incrédule, car pendant ces deux secondes Rol n'avait même pas eu le temps matériel d'entrer en contact avec Fellini[12].

---

11. R. Lugli, *Gustavo Rol una vita di prodigi*, Edizioni Mediterranee, 1995-2008, P. 141,142,143-

12. M. Ternavasio, *Gustavus Rol. Expériences et témoignages*, Edizioni l'Età dell'Acquario, 2003, p. 152.

En 1964, le réalisateur Fellini déclarait au magazine Planète[13]: "J'admire particulièrement le Dr Rol de Turin, pour l'effort héroïque qu'il fait pour sauvegarder son ego individuel contre l'assaut de ces forces mystérieuses. Sur le plan psychologique, le fait qu'il croit en Dieu, qu'il s'appuie de toutes ses forces sur la divinité, m'apparaît comme une tentative salutaire de ne pas sombrer dans l'angoisse, de ne pas être détruit par ce magma inconnu. C'est certainement l'homme le plus déconcertant que j'aie jamais rencontré. Ses possibilités sont si énormes qu'elles dépassent même la faculté d'émerveillement. Il y a une limite même à l'émerveillement; malgré la puissance de ses facultés, il parvient à tenir son orgueil à distance, et se retire dans une zone de conscience religieuse qui est dans le merveilleux. Je sais que je lui donne du fil à retordre en rapportant ce genre de choses, mais je n'ai pas envie de renier mon témoignage sur une réalité inconnue d'une telle importance[14]".

---

13. Planète était une revue française de réalisme fantastique créée par Jacques Bergier et Louis Pauwels. Publié de 1961 à 1972.
14. F. Fellini (entretien avec), Je suis voluptueusement ouvert à tout, Planète, n° 19, novembre-décembre 1964, pp. 75-77.

Pour beaucoup, il est décisif d'associer le cinéma de Fellini à l'influence de Carl Gustav Jung, même le journaliste Moreno Neri écrit: " pour Fellini il est légitime de parler d'un véritable disciplulat avec Carl Jung[15]". Je ne veux certainement pas affirmer que Fellini n'a pas été impressionné par les théories de Jung sur la psychologie analytique et surtout sur ce qu'elle concerne -confirmant ce qui avait été affirmé précédemment par le père de la théorie psychanalytique: Sigmund Freud-, notamment sur le thème de l'inconscient, qui pour Jung ne se déguise pas, comme le croyait Freud. Dans la théorie jungienne, en effet, dans le rêve il n'y a pas de parties ambiguës ou cachées, mais c'est l'inconscient qui se manifeste véritablement à travers les archétypes et les symboles, et le rêve est une sorte de théâtre où les différents personnages ne sont en réalité que des aspects du psychisme du rêveur, les éléments personnels et culturels appartenant respectivement au psychisme individuel pour le premier, et au psychisme collectif pour le second. Le réalisa-

---

15. M. Neri, Federico Fellini (1920-2020), la Repubblica- Robinson, samedi 14 décembre 2019, p. 31.

teur romagnol a été stimulé par Jung à écrire ses rêves et le célèbre livre de rêves de Fellini en est le résultat.

Moreno Neri, rappelle également comment Fellini a également été "initié" au concept ou à la notion de synchronicité, que Jung a introduit en 1950 après de longues années d'étude et de recherche, comme un "principe de connexions acasuelles" pour lequel rien n'arrive par hasard, des événements où il se passe des choses dans la réalité que nous percevons extérieurement, mais qui sont en correspondance avec une expérience intérieure et que le réalisateur utilisait souvent pour choisir les acteurs. Sur ce thème, il convient toutefois de considérer l'influence du psychanalyste, astrologue et pédiatre allemand Ernst Bernhard, que Fellini a contacté précisément en raison d'un événement synchronique, lorsqu'il a trouvé son numéro dans sa veste et l'a composé au téléphone, persuadé au contraire qu'il appelait une belle dame qu'il avait rencontrée quelque temps auparavant.

C'est Bernhard qui a expliqué à Fellini qu'il n'y a pas de coïncidences, mais des coïncidences, et avec lui il a commencé à suivre une sorte de

parcours analytique amical, centré sur des discussions qui tournaient souvent autour du sens sacré de la vie -compris avant tout pour ce que nous sommes et comment nous agissons-, et comme l'a expliqué le philosophe et psychanalyste Romano Madera, le sacré au sens jungien et bernhardien n'est autre que le mythe, et en faisant une analogie avec le cinéma de Fellini imprégné de rêves, on ne peut s'empêcher de voir que tout mythe n'est autre que le rêve initial d'un peuple qui se réalise au cours de son évolution, et que Fellini dans son cinéma présente une réalité réalisable: "[Fellini] emballe les séquences, les brouille, entre dans la douleur et l'énergie de la vie quotidienne jusqu'à la transfigurer: le monde devient une fable pour toucher sa propre vérité cachée, c'est-à-dire une sorte d'humanité possible à laquelle il est fait allusion dans chaque histoire[16]".

Cependant, il ne faut pas se méprendre sur le peu d'informations fournies par les biographes de Fellini sur la relation entre le réalisateur cinq fois oscarisé et Rol. Une omission ou un

---

16. https://www.parchiletterari.com/evento.php?ID=01751 T. Ciliberti, Fellini Ernst Bernhard et le livre des rêves, 22/3/20.

oubli qui ne rend pas justice à l'importance cruciale que cette relation a eu pour influencer le cinéma de Fellini, qui ne peut certainement pas être mis en second plan par rapport à l'influence déterminée par Jung et Bernhard. Loin de là. Ce n'est pas un hasard si, pour Fellini, Rol prend l'apparence lumineuse et extraordinaire du magicien Merlin des Mille et Une Nuits. Il faut souligner que le terme de magicien ne convenait pas à Rol et que Fellini l'utilisait avec bonhomie, bien conscient de l'aspect médiéval et obscurantiste qu'il pouvait revêtir et donc distant et contraire à la figure de son ami. Tous les spécialistes de Gustavo Rol, à commencer par Franco Rol, s'accordent à dire que Rol n'aimait pas être désigné par ces termes: Rol était un homme éclairé et précisément parce que Fellini lui-même avait dit à plusieurs reprises que s'il n'avait pas été réalisateur, il aurait voulu être magicien, il voulait aussi dire qu'il aurait voulu être comme son ami Rol, ce qui montre que le sens du terme magicien utilisé par Fellini pour Rol, doit être compris en termes positifs, époustouflants, de possibilités infinies et non pas obscurantistes. Je voudrais conclure ce chapitre en citant un passage d'une lettre de

Rol à Fellini datée du 23 octobre 1986, où Rol invite Fellini à discuter avec lui d'un film à réaliser avec un thème précis très cher à l'illuminé turinois: "Cher Federico [...] plus que quiconque, tu sais combien l'expérience de la réalité est incomplète, même si les possibilités de recherche et de développement sont illimitées. [Pourtant, je sais, j'ai toujours compris, que ce n'est qu'un mince diaphragme qui nous sépare de cette réalité illimitée et que seul notre esprit (également par le biais de mes "expériences") nous permet de la percevoir à des moments très brefs et imprévisibles. On a tenté en vain de percer ce diaphragme. [...] Picasso lui-même me disait qu'en dissolvant le dessin, peut-être jusqu'à le rendre (apparemment) ridicule - comme dans l'abstractionnisme - il cherchait la formule pour échapper à la forme qui enchaîne la matière. [...]

Je tiens cependant à vous dire que je ne désespère pas que ce soit vous qui trouviez le moyen de résoudre ce problème: trouver le point de rencontre entre la matière et l'esprit où le second viendra conditionner la première et en disposer à des fins purement pacifiques. Il y a un énorme désir de "savoir" des choses que la science juge inexistantes: peut-être l'humanité

sent-elle le désastre qui la menace et espère-t-elle que quelque chose de surnaturel la libérera de ce cauchemar. Le monde entier se presserait pour voir un film sur ce sujet. J'ai tous les éléments nécessaires pour te le dire, cher Federico; qui sait, peut-être que cette Providence en laquelle je crois fermement m'a mis sur ton chemin[17]".

FELLINI DE L'OCCULTISME À L'ESOTÉRISME, EN PASSANT PAR LE LSD

Fellini voulait clairement quitter la caverne du mythe de Platon. Son désir de quitter l'ombre pour chercher la lumière et défier l'illusion de ce monde, également kantien, que nous pourrions appeler aujourd'hui: la Matrice, -où rien n'est réel et tout n'est qu'une illusion sensorielle qui nous trompe constamment-, était devenu une sorte d'obsession pour le réalisateur. Sa bibliothèque était remplie de livres anthroposophiques et théosophiques, de textes sur le symbolisme, la mythologie, l'occultisme et l'ésotérisme, et les livres sur les perceptions paranormales ne manquaient pas non plus. Lorsque l'on parle

---

17. C. Ferrari, G.A. Rol Io sono la gondaia, Giunti Editore, 2018, pp. 175-176.

de mythe, terme souvent associé à la filmographie du réalisateur originaire de Romagne, il faut partir du principe que dans le mythe, ce qui est dit est en fait différent de ce qui est voulu, et le mythe ne doit en aucun cas être confondu avec la fable, car ce dernier terme ne désigne étymologiquement rien d'autre qu'un quelconque conte, alors que le mythe est beaucoup plus proche de l'allégorie, c'est-à-dire du fait de dire autre chose; et c'est précisément ce que Fellini a fait dans ses films: Il a transmis ses expériences transcendantales et paranormales à la fois symboliquement - en tant qu'initié - et ouvertement en tant qu'artiste apolitique, intellectuel et chercheur de la transcendance, mais avec le filtre d'une compréhension qui ne peut être révélée qu'en éliminant la superstructure grotesque et fabuleuse due à une première impression superficielle et quelque peu profane. Avant de tourner Giulietta degli spiriti, Fellini a parcouru toute l'Italie pour rencontrer des médiums, des parapsychologues, des sorcières, des astrologues et des dépositaires de je ne sais quelles vérités et théories occultes. Fellini raconte: "En Toscane, j'ai rencontré un paysan magicien que les habitants paient pour qu'il ne

passe pas devant leurs fermes. Une sorte d'ogre qui vit dans une bicoque comme un animal; j'ai eu une conversation avec lui, si on peut appeler ça une conversation, en présence d'un prêtre exorciste qui marmonnait des formules. Il me lançait certains regards que je n'avais surpris auparavant que chez Tobino, à l'asile Magliano, dans les cellules d'algues où les malades incurables végètent nus.

Il y avait aussi la même puanteur, des bouffées infernales. À un certain moment, ce magicien a commencé à hennir comme un cheval, de plus en plus fort, même le prêtre est devenu pâle et nous nous sommes pratiquement enfuis. Il me semble, en m'en souvenant, qu'il s'agit d'un phénomène de métamorphose: cet horrible type devenait un cheval sous nos yeux en quelques minutes[18]".

De ces expériences, il tire également des conclusions qui l'orientent vers des voies plus précises, comme lorsqu'il abandonne son intérêt pour le spiritisme, qui lui rappelle l'odeur des chrysanthèmes, liée à ce qu'il définit comme la

---

18. F. Fellini, Fare un film, Einaudi, 2015, p. 90-91

"sensation nauséabonde de l'évocation", si embarrassante et insupportable pour lui au point de l'amener à comprendre la position critique et prudente de l'Église catholique à l'égard de certaines pratiques considérées, pour le moins, comme dangereuses. Fellini était très attentif aux dangers et aux sensations que les expériences dans le domaine paranormal ou surnaturel laissaient sur sa peau et intérieurement, à cause de ceux-ci il a bloqué le départ de films où des centaines de millions de Lire avaient déjà été investis, comme dans le cas de: Le voyage de G. Mastorna et dans une moindre mesure dans le projet de film: Voyage à Tulum.

Ce qui attirait le plus Fellini chez Jung, c'était ce point de rencontre que le père de la psychologie analytique avait trouvé entre la science et la magie, et cela ne peut que nous ramener à ce point de rencontre que Rol voulait trouver entre la science et l'esprit.

La plupart des personnages paranormaux qu'il avait rencontrés, malgré des phénomènes parfois incroyables, n'avaient rien de spécial. Il déclare également à Buzzati:

"les habituelles tables automotrices, les habi-

tuels déchiffrements chiromantiques, les habituelles opérations thaumaturgiques; avec des résultats souvent curieux ou même impressionnants". Rien, cependant, qui s'éloigne du répertoire classique[19].

Parmi les quelques personnages intéressants que Fellini a rencontrés, il y a Pasqualina Pezzolla, l'humble paysanne qui, à partir de 1935, a commencé sa mission de voyante à Civitanova, où elle attendait chaque jour les nombreuses personnes qui venaient lui rendre visite. Pezzolla entrait en transe et émettait des paroles incompréhensibles tout en regardant à l'intérieur du corps humain, comme si ses yeux avaient la faculté de passer aux rayons X, indiquant, avec des termes médicaux parfois inventés, des maladies et autres problèmes qui s'avéraient souvent vrais. Fellini est très critique à l'égard de la plupart des magiciens ou des prétendus magiciens, les décrivant comme des personnes privées de leur personnalité, contraintes à un état d'automate, ne pouvant même plus interpréter ce qu'elles font. Des personnes tellement submergées par

---

19. D. Buzzati, I misteri d'Italia, Oscar Mondadori, 1978, Milano.

des forces inconnues qu'elles annulent toutes leurs capacités de défense.

Ce n'est pas un hasard si, pour certains d'entre eux, il s'agit de véritables formes pathologiques de la psyché, qu'il ne faut pas stimuler, comme le préconisent certains faux maîtres, avec des techniques centrées sur le "mono-idéalisme", laissant certaines facultés dans le champ spontané des talents et des singularités spécifiques de chaque être humain.

Afin d'encadrer correctement le parcours de recherche de Fellini, il est nécessaire de distinguer l'occultisme de l'ésotérisme, mais avant cela, étant donné la difficulté de compréhension - ainsi que l'aversion générale pour certains sujets souvent confus et inconnus -, nous devons noter que pendant des siècles nous avons été conditionnés par l'affirmation de l'empirisme de Locke, selon lequel rien n'est vrai et digne d'attention sauf ce que nous tirons de nos sens et de notre expérience. D'autre part, l'empirisme avait été un puissant moyen philosophique au XVIIIe siècle pour déconstruire les dogmes du rationalisme du siècle précédent, mais il possédait aussi des aspects extrêmement idéalistes

-la substance n'est rien de substantiel-, -la cause est la succession de deux choses dans le temps-, et son aspect fondamental n'était pas l'importance cognitive de l'expérience, mais la nécessité de s'accommoder, tant positivement que négativement, de la probabilité et de l'incertitude.

Pour les empiristes, on pouvait se passer de la métaphysique, pour eux la substance n'existait pas, la cause n'était pas un principe et l'ego était compris comme un pur faisceau de sensations, et au moins une des trois dimensions de l'espace (la profondeur), dérivée de l'expérience (ce n'est pas un hasard s'ils considéraient les objets éloignés comme petits). Ce que les empiristes n'ont pas compris, c'est que sans métaphysique, il était difficile de progresser et qu'en considérant la cause, la substance et l'espace comme de purs résultats de notre expérience, alors la philosophie, la science et même la morale, étaient vouées à disparaître car le monde ainsi compris s'écroulerait entre nos mains. S'interroger sur la nature des choses ne sert à rien, car tôt ou tard, elles peuvent changer, et à bien y réfléchir, entre les lois de la physique et les prévisions météorologiques, il n'y a pas une grande différence. A ce sédiment culturel, on pourrait également ajouter l'influence des matérialistes et des rationalistes qui, dans leur illusion de combattre l'ignorance, excluent l'esprit et tout ce qui peut en découler dans la sphère de la connaissance.

Fellini a vécu son tourment comme tout homme qui ne se refuse pas la vocation naturelle de chercher hors des limites de la matérialité et de l'immanence. L'occultisme, après un apparent recul en Europe pendant le Moyen Âge, est revenu en vogue au siècle des Lumières et a continué à se manifester parmi ceux qui étaient insatisfaits des explications de la science, de la religion et de la philosophie et qui cherchaient au-delà du connu. L'occultisme est une méthodologie d'investigation qui ne s'intéresse pas à la connaissance, mais à l'acquisition d'un plus grand pouvoir en agissant sur le monde matériel par le biais de techniques occultes, c'est-à-dire de pratiques -comprises comme un système-, qui, couplées à certaines connaissances, permettent à ceux qui les possèdent d'exercer une domination sur les choses ou les personnes. Dans le monde de l'occulte, il y a des magiciens, des spirites, des diseurs de bonne aventure et des sorcières, et pour Fellini, ce voyage n'a été

qu'un témoignage à travers les diverses rencontres - et souvent décevantes - de sa vie avec des personnages de cette sphère.

L'ésotérisme, quant à lui, est la connaissance du savoir caché par la méthode symbolique, une méthode de recherche inspirée de la méthode scientifique. L'ésotérisme utilise des symboles et des formules pour étudier le monde non pas dans sa représentation immanente, mais dans sa représentation transcendantale. La différence entre l'occultisme et l'ésotérisme réside dans le fait que le premier se donne pour but l'action, tandis que le second se donne pour but la connaissance. Les alchimistes, comme les francs-maçons et les kabbalistes, sont des ésotéristes, et avant tout, l'ésotériste étudie l'homme. L'adjectif: ésotérique, est lié aux enseignements du matin qu'Aristote dispensait à ses lycéens, tandis que l'après-midi il donnait des leçons ouvertes à tous, on les appelait les enseignements ésotériques[20]. Au-delà de toute étymologie, on peut considérer la recherche ésotérique comme un enseignement réservé uniquement

---

20. D. Campanella, Occultisme, Tau Editrice, 2017, p.25.

à certains individus soumis à une préparation spécifique: les initiés.

Quand Rol, comme nous l'avons dit, admettait que Fellini était un homme sur le chemin de l'initiation, il se référait probablement à cette modalité spécifique de recherche ésotérique visant l'intérieur, typique de ceux qui auraient la possibilité d'entreprendre un parcours initiatique; une possibilité que Fellini a probablement désirée, mais qui s'est résolue à travers des tentatives personnelles qui se sont déroulées au milieu de mille lectures et surtout avec quelques rencontres enviables, qui lui ont été accordées comme contrepoids à l'impossibilité de suivre un véritable parcours initiatique traditionnel. Un chemin que nous pouvons imaginer aujourd'hui comme une aptitude naturelle à ses caractéristiques d'être humain (homme) placé entre le ciel et la terre[21],

---

21. R. Guenon, La Grande Triade, Adelphi, Milan 1980 ch. XII. L'ésotériste étudie l'homme, celui qui est soutenu par la terre et couvert par le ciel, et Guenon ne comprend pas le ciel et la terre comme des objets, mais plutôt comme des symboles ésotériques, et l'homme dans cette dimension représente l'être humain alchimique, seigneur absolu des trois royaumes: Le soufre (principe igné et actif - lié à l'activité intérieure - l'être), le mercure (principe humide et passif - réagit extérieurement et limite par sa force centripète l'action du soufre - l'environnement) et le sel (principe médian, intermédiaire entre le soufre et le mercure, entre l'intérieur et l'extérieur, il représente - il s'identifie -, au corps).

mais qui au contraire est resté conditionné par ce qu'il a appris à un niveau essotérique (qui peut être enseigné à n'importe qui publiquement) et non ésotérique (qui indique l'enseignement d'une doctrine secrète), ce qui ne l'a pas empêché, cependant, de vivre ces expériences intuitives et transcendantales qu'il a su donner à son public à chaque fois, à travers ses films ou des scènes de ses films.

Après le tournage du film Huit ½, Fellini, intrigué et incité par le psychanalyste Emilio Servadio[22], qui était également un ésotériste dédié à l'étude de la parapsychologie, décide d'essayer le LSD[23]. L'altération de la conscience provo-

---

22. Emilio Servadio (1904-1995), fondateur, avec Musatti et Perrotti, de la Société italienne de psychanalyse, et pendant de nombreuses années président de cette même Société, fut un éminent psychanalyste également connu à l'étranger (dans le milieu international de la recherche entéogène, le texte de R. Cavanna et E. Servadio, 1964, ESP Experiments with L.S.D. and Psilocybin, New York, Parapsycology Foundation). Il était aussi franc-maçon, puis est tombé dans le sommeil. http://www.emilioservadio.it

23. E. Servadio, La verità sull'LSD, Extrait de Rassegna italiana di ricerca psichica, année 1967, n.1-2
L.S.D. 25 est une abréviation - basée sur le terme allemand - pour l'acide lysergique diéthylamide. Selon une classification due au célèbre neuropsychiatre français Jean Delay, concernant les produits qui ont une influence sur le psychisme humain, la L.S.D. fait partie des "psychodisleptiques", également appelés hallucinogènes ou onirogènes, avec la mescaline, la psilocybine et quelques autres substances. Ces psychodisleptiques ont également été distingués en trois catégories. Au degré le plus bas se trouve la marihuana, dont on a beaucoup parlé récemment; au degré moyen se trouve la mescaline, qui est la substance active de certains champignons

quée par cette expérience a ensuite été réalisée et transfigurée en images par le réalisateur en 1969, à travers les visions psychédéliques du film Satyricon, et auparavant dans les longues scènes muettes du film collectif libératoire inspiré des histoires d'Edgar Allan Poe: Trois pas dans le silence, dont Fellini a réalisé l'un des trois épisodes: Toby Dammit, qui raconte l'histoire d'un acteur anglais apathique altéré par l'alcool et la drogue, qui accepte de tourner un western catholique en recevant en compensation une voiture de sport, mais ne supportant plus le théâtre des événements qui entourent le tournage du film, -après qu'une petite fille lui ait lancé un ballon-, il finit par s'enfuir en cédant à l'appel obsessionnel de son inconscient, qui le dirigera vers sa mort après une course de voiture sauvage.

Après son expérience avec le LSD, Fellini a tourné Giulietta degli spiriti, mais l'influence sur la créa-

---

hallucinogènes mexicains. Toutes ces substances peuvent désormais être produites par synthèse. Dans la catégorie supérieure, nous trouvons L.S.D., qui semble vraiment être un cas d'espèce en raison de sa puissance. Le L.S.D. est dérivé d'un acide qui est extrait d'un champignon qui pousse sur une plante bien connue: l'ergot. En latin, le champignon en question s'appelle claviceps purpurea. Le diéthylamide de l'acide extrait de ce champignon constitue la substance dont il est question ici.

tivité dans ce cas n'a pas été "pyrotechnique" et peut être comparée à celle de Gillo Pontecorvo (également dans le cercle de Servadio), lorsqu'il a tourné le film La battaglia di Algeri (la bataille d'Alger). Il faut dire qu'à cette époque, le LSD n'avait pas encore été mis hors la loi. Servadio a déclaré à l'époque que plusieurs personnalités du monde artistique, culturel et scientifique l'avaient utilisé et s'en étaient inspirées tant dans leurs œuvres que dans leur vie personnelle. En outre, il a déclaré qu'en tant que psychanalyste, il avait conseillé à certains de ses patients atteints de graves maladies mentales d'expérimenter le LSD afin de mieux comprendre leur monde intérieur[24]. Il ne change d'avis qu'une dizaine d'années plus tard, en 1974, lorsque le psychanalyste, dans un court article paru dans The Masonic Review[25], intitulé: Drug Path and Initiatic Path, souligne la négativité et l'inutilité des expériences produites par les hallucinogènes:

"Quand c'est l'imagination qui est prise... le

---

24. E. Servadio, La verità sull'LSD, extrait de Rassegna italiana di ricerca psichica, année 1967, no.1-2, p.15 https://www.samorini.it/doc1/alt_aut/sz/servadio-la-verita-sull-lsd.pdf
25. Revue du Grand Orient d'Italie du Palazzo Giustiniani, 1966 à 1979.

monde fantastique des visionnaires éclate, l'orgie de formes et de couleurs des faux clairvoyants, les rêves pleins de sensations subtiles et impérieuses des opiomanes... Quand c'est la faculté de sensation qui est prise.... Sur la "route de la drogue", on trouve des individus qui ont été brutalisés par l'alcool ou les stupéfiants, mais aussi des personnes qui, de bonne foi, croient que telle ou telle substance peut, en soi, ouvrir à leur esprit des portes qui seraient autrement infranchissables. Lorsque Federico Fellini a décidé d'essayer le LSD 25, il l'a fait parce qu'il était attiré par la possibilité que cette substance soit capable de reproduire, à un niveau synthétique, les effets de certains champignons hallucinogènes utilisés par les tribus mexicaines. Il avait lu depuis longtemps et prétendait avoir lu que certains psychologues américains croyaient que l'utilisation d'un tel médicament, -dans les doses et de la manière qu'ils prescrivaient-, anticipait le résultat émotionnel des patients, qui autrement devraient attendre après avoir assisté à plus de vingt séances d'analyse.

Sa curiosité était évidemment accompagnée de doutes et de craintes, mais pour ne pas se rendre lâche, après l'insistance de Servadio et de son en-

tourage, il se prêta à l'expérience chez un chimiste un dimanche après-midi après le jeûne. L'expérience a évidemment été menée de manière méticuleuse et en toute sécurité, à tel point qu'aux côtés du psychanalyste, il a trouvé un couple d'infirmières, un cardiologue et tout le matériel nécessaire pour enregistrer l'expérience. Avant qu'on lui administre la substance sous une forme légère, il a subi un encéphalogramme. Fellini, à la fin de l'expérience, ne se souvenait pratiquement de rien de ce qui s'était passé pendant les heures d'altération psychique due au LSD 25, mais il a raconté que pour faire cesser les effets, il a fallu lui faire une injection intraveineuse calmante et, bien qu'il ait dormi chez lui, il a passé la nuit sous surveillance médicale. "Le lendemain matin, je me suis réveillé comme si rien ou presque ne s'était passé.

Je n'ai pas voulu écouter les enregistrements de ce que j'ai dit, la honte l'a emporté sur la curiosité: mais on me dit que j'ai parlé pendant sept heures d'affilée et que j'ai parcouru la pièce de long en large sans m'arrêter un seul instant. Ce fait, la substance qui mettait les centres moteurs en mouvement, était interprété comme une fuite, l'impossibilité de rester immobile. Cela peut signifier beaucoup de choses, mais surtout

que ma condition naturelle est d'être en mouvement, en déplacement. En fait, je suis bien dans la voiture, avec les images qui flottent au-delà de la fenêtre: et je ne peux pas m'imaginer dans la situation tranquille des vacances[26]'.

Comme on le sait, Fellini ne peut certainement pas être considéré comme un emblème du phénomène philosophique socratique « il semblerait que ce soit », c'est-à-dire: dire la vérité au prix de sa vie, mais même dans son mensonge, ou plutôt dans son altération de la vérité, il y a un élément qui, d'une certaine manière, témoigne peut-être de sa tentative d'arriver à être perçu plus intimement par son interlocuteur, qui autrement resterait confiné à l'habitude limitative et ennuyeuse de la matérialité.

JULIETTE DES ESPRITS

Giulietta degli spiriti (1965) est la première expérience en couleur de Fellini,[27] dans un long mé-

---

26. F. Fellini, Fare un film, Einaudi, 2015, p. 93.
27. La première œuvre en film couleur est liée à l'un des épisodes du film collectif Boccaccio'70, dont Fellini a réalisé l'épisode intitulé: Les tentations du docteur Antonio. Les autres épisodes ont été réalisés par Mario Monicelli, Vittorio De Sica et Luchino Visconti. Le film a été présenté hors compétition au 15e Festival de Cannes.

trage. Le film commence par un besoin d'amour qui s'exprime initialement sous la forme d'une demande, lorsque Masina (Giulietta Boldrini) demande à son mari, joué par Mario Pisu: "Giorgio ma mi vuoi bene?" (Giorgio si tu m'aimes?) avant de se lancer dans une étreinte, qui ressemble à ce qu'une petite fille demanderait à son père; plus tard, dans la même séquence, lorsqu'à la nuit tombée et une fois la fête terminée, certains invités se divertissent lors d'une séance de spiritisme, c'est auprès d'un esprit (Iris) que ce besoin d'amour est renouvelé, énoncé par la voix du médium (Genius): "amour pour tous". L'amour doit être compris de manière ésotérique, comme l'une des grandes forces universelles, une force prodigieuse qui anime le monde et que l'homme a essayé d'expliquer et de raconter de tous les points de vue, du philosophique au scientifique, en passant par le poétique, et qui représente dans ce long métrage le voyage initiatique de la protagoniste, qui n'abandonnera son "blasphème" que lorsqu'elle aura affronté ses ombres et ses illusions, à la recherche de la vérité, de cette lumière qui la conduira à déshabiller son esclavage, pour finalement la libérer. Le scénario à quatre mains (Federico Fellini, Brunello Rondi, Ennio Flaiano,

Tullio Pinelli), qui exprime clairement la plume de Fellini et ses expériences réelles d'enfant - quand aux quatre coins de son lit il expérimentait des visions psychédéliques les yeux fermés -, le fait à travers Juliette, quand elle raconte qu'enfant il lui suffisait de fermer les yeux pour voir et que pendant des années ce phénomène s'est produit, jusqu'à ce qu'il disparaisse soudainement: "Et voilà donc l'avidité de Fellini adulte pour le monde de l'impossible et du mystère, qui semblait ne jamais pouvoir être saisi, mais seulement - désespérément - recherché et analysé intérieurement, pour être ensuite projeté vers l'extérieur à travers un processus alchimique artistico-cinématographique, toujours sans réponses définitives et destiné à demander à nouveau, cette fois au monde entier.

Le film alterne entre le réel et l'onirique, dans une juxtaposition continue qui est équilibrée par ces présences tantôt inquiétantes tantôt inspirantes qui accompagnent la protagoniste dans son travail intérieur, tandis que le panorama humain coloré qui tourne autour de Juliette est peut-être chargé de la tâche des éléments, comme dans un rituel d'initiation, qui met au défi la protagoniste émotionnellement enfantine de devenir adulte, la forçant ici et là et la mettant à l'épreuve devant l'évidence des désirs refoulés, la découverte des peurs et les contraintes de la morale. Pour se libérer, Juliette devra affronter ses ombres intérieures, qui ont leurs racines dans l'enfance et qui sont projetées changeantes dans son existence de femme et d'épouse parfaite, et ainsi le monde des esprits ne devient qu'un accessoire de l'auto-analyse et de l'analyse à laquelle elle est forcée pour se libérer définitivement de ce mariage brisé et des lests invisibles qui, à travers l'inconscient, l'ont maintenue liée à une vie qui n'était pas entièrement la sienne et déterminée par son monde extérieur.

C'est dans la scène finale, lorsque Juliette franchit le seuil, que sa libération s'accomplit. Elle ne reviendra jamais en arrière, elle laissera derrière elle, après un dernier regard et quelques pas indécis, son passé et le domicile conjugal. Elle le fait en se tournant définitivement vers une nouvelle vie, rappelée par ces présences qui ne la dérangent plus et qui demandent à être entendues, à être autorisées à rester avec elle.

"Qui êtes-vous?" demande Juliette à ces voix extradiégétiques de l'invisible.

De vrais amis.

Comme dans tous ses films, même à travers son premier film en couleur, Fellini a clairement inspiré de nombreux autres réalisateurs avec ses histoires, ses atmosphères, ses personnages et même avec certaines de ses peintures. Dans Juliette des esprits, nous voyons la couleur rouge devenir un élément fondamental d'une scène: le mur rouge derrière le canapé de la même couleur, orné de dentelle blanche, où Juliette est assise et écoute Bhishma, le voyant joué par Valeska Gert, où le grand ventilateur est également encadré. Ce tableau scénique teinté de rouge, où l'attente et l'inquiétude sont constamment présentes, devient probablement ou peut-être inévitablement l'objet du désir de David Lynch, qui, dans les mystères de Twin Peaks, renforce cette atmosphère donnée par le pouvoir vibrant de la couleur, dans les célèbres scènes oniriques qui se déroulent dans la chambre rouge.

"Comme Bergman, Fellini privilégie un cinéma méditatif, dans lequel les rêves donnent à la réalité la couleur des sentiments[28]".

---

28. R. Jeanne, C. Ford, Storia illustrata del cinema- vol. 3 il cinema contemporaneo, dall'Oglio editore, 1967, p. 191

LE CASANOVA DE FEDERICO FELLINI

Certains films naissent sous le signe de la résistance et de la réticence", pour Fellini Casanova appartenait à cette catégorie. Le metteur en scène de Rimini était inévitablement ébranlé par le fait que le contact médiumnique avec l'esprit intelligent du vrai Casanova avait rendu ce personnage encore plus voluptueux, égoïste et odieux à ses yeux. Non seulement Fellini a décidé de faire modifier le scénario, mais il a souvent dû discuter avec Sutherland - un acteur cultivé et préparé, qui avait étudié la vie de Casanova en profondeur -, de ce que devait être le rendu du personnage, qui, aux yeux du réalisateur, était rendu par l'acteur dans une dimension qui ne correspondait pas à sa vision: "essayez d'accepter la réalité, mais aussi l'irréalité", a dit Sutherland lui-même au réalisateur, lors de la présentation de la version restaurée du film à Venise en 2005.

Le peintre et affichiste de cinéma Rinaldo Geleng (1920-2003) raconte qu'un soir, Fellini, de retour de Turin - où il avait séjourné chez Gustavo Rol -, lui a dit qu'il avait vu et parlé à Casanova lui-même, matérialisé par Rol, et l'a décrit comme un être sale, répugnant et égoïste[29].

Le film commence par un avertissement: "le malheur", crie quelqu'un, lorsqu'à Venise, pendant le carnaval, quelque chose ne va pas et que la gigantesque sculpture du visage de Vénusia, près du pont du Rialto - après avoir émergé de l'eau - s'enfonce soudainement dans le Grand Canal, coulant inévitablement au fond de la lagune, anticipant ainsi le destin de Casanova, qui, dans son long voyage à la recherche de la liberté, n'aboutira à rien, restant ancré dans les abîmes de la compulsion de ses vices charnels.

Casanova, après sa rencontre amoureuse avec la nonne amante de l'ambassadeur voyeur, est arrêté puis accusé par le Tribunal de l'Inquisition de posséder de la magie noire, des livres condamnés par l'index -peut-être des grimoires-, ainsi que des écrits hérétiques et anti-religieux. Incarcéré dans une toute petite cellule de la prison de Piombi et contraint à l'isolement, comme dans un cabinet de réflexion, il se retrouve à méditer

---

29. F. Rol, L'Homme de l'impossible (tome 1), troisième édition 2015, XXIX Epiphanies, pp.339-340

sur le malheur qui l'a frappé et à réfléchir sur la liberté qu'il a perdue, une liberté liée sans équivoque aux coutumes et aux pulsions culturelles de son époque, le XVIIIe siècle, et exaspérée par sa recherche vorace d'expériences sensorielles liées à l'amour.

Fellini poursuit, montrant simultanément son aversion et son attirance pour le protagoniste, l'immortalisant à la fois dans son élégance et dans sa volupté, qui s'exprime de manière de plus en plus morbide, dans le paroxysme de la perversion, qui le conduit à accepter des défis amatoires au temps, des orgies en présence d'une femme difforme (mais les déformations intérieures sont plus impressionnantes que les extérieures) et l'amour mécanique, anticipant presque cet amour de substitution de nature "transhumaniste", dédouané à notre époque avec l'avènement des poupées réelles en latex ou en silicone, où l'on expérimente déjà l'aide d'une intelligence artificielle, dans le but d'une amélioration illusoire par rapport à ce plan de réalité de substitution, induit par l'expérience sensorielle.

L'ésotérisme du film renvoie aussi inévitablement

au Pinocchio de Collodi, une fable en apparence, qui, dans une lecture non profane, renvoie à de multiples contenus ésotériques et initiatiques, où les symboles ne s'adressent qu'à ceux qui sont capables de les interpréter. Emblématique est la scène de l'entrée de Casanova dans la baleine - "la grande nonne" - dont, contrairement à Pinocchio et à la condamnation de Fellini, il émerge de son ventre (le cabinet de réflexion), sans avoir traversé la mer de l'inconscient. Un événement qui ne fera pas avancer Casanova vers un quelconque chemin initiatique; et si Pinocchio passe du statut de marionnette-diable à celui d'homme-initié à partir de cette expérience, pour le luxurieux Vénitien la condamnation est celle de rester inchangé et asservi par les chaînes de la matière, qui le conduiront inévitablement à fossiliser ses membres, enchaînant son esprit aux régimes d'une pensée mélancolique, qui ne regarde que vers un passé perdu, qui réclame encore honneur et dévotion, mais que plus personne ne respecte. Casanova, vaniteux et voluptueux, a échoué lamentablement dans sa mort symbolique, et ne renaissant pas de cette expérience, à la fin de la séquence, il est condamné par le sage Edgar qui lui dit: "tes voyages dans le corps des femmes, où te mènent-ils? Nulle part".

Casanova de Federico Fellini est sans aucun doute un film troublant, où les aventures du protagoniste sont accompagnées et ponctuées par une bande sonore qui renvoie souvent au motif de L'uccello magico (l'oiseau magique) de Nino Rota, une manifestation mécanique de l'âme de la marionnette à laquelle le protagoniste ne peut échapper.

Dans la scène du voyage à Paris, lorsque Casanova est l'invité de la marquise d'Urfé, Fellini cite toutes ses études ésotériques qui peuvent être contextualisées dans les limites du siècle où se déroule le film: sa rencontre avec le comte de Saint Germain est mentionnée[30], une ampoule, contenant un liquide qui a bouilli pendant quinze ans et devra encore bouillir pendant cinq ans, appartenant au divin Paracelse, est montrée[31], et la marquise convaincue

---

30. Comte de Saint Germain, je suis, libraire éditeur, librairie du groupe Anima. Milan, 2018. Quatrième de couverture: "Le comte de Saint-Germain est né en 1710, on ne sait pas où, et l'histoire se souvient de lui comme d'un mystique, alchimiste, diplomate et musicien. Il est apparu extérieurement jeune et a disparu lors d'un voyage dans les montagnes de l'Himalaya. Il réapparaît mystérieusement et fréquemment dans les capitales européennes pendant plus d'un siècle après sa mort supposée. On dit qu'il était le fils naturel de la reine épouse de Charles II d'Espagne".

31. R. Tresoldi, Esoterismo-dizionario enciclopedico, Giunti Editore 2012-2016, pp. 244-249. Paracelse: (1493-1541) scientifique et magicien suisse, [...]

que Casanova possède les secrets de la pierre philosophale[32] et la capacité de communiquer avec les esprits des quatre éléments, demande à l'homme de l'accompagner dans le rituel sexuel qui conduira à sa mort en tant que femme, pour renaître dans l'éternité transformée en homme (et donc de la force lunaire à la force solaire). Pour conclure ce chapitre et revenir à la rencontre médiumnique entre Fellini et Rol, qui a eu lieu alors que le réalisateur était encore en train de chercher le meilleur point de vue pour raconter Casanova, n'étant pas encore pleinement satisfait de l'inspiration donnée par la lecture du livre autobiographique. Mémoires, de l'aventurier vénitien, nous ne pouvons pas ne pas mentionner ce que Liliana

---

est sans doute un cas emblématique: médecin pharmacien, alchimiste, magicien, il a pu accumuler des expériences uniques au cours de ses voyages. Son séjour en Orient, par exemple, l'aurait mis en contact avec des enseignements qui étaient encore inconnus en Occident à son époque. En effet, sa théorie de la mumia (corps éthérique) ou des niveaux d'énergie de l'homme se retrouve dans certains systèmes philosophiques orientaux. En même temps, l'approche de son travail, résultat surtout de son apprentissage alchimique, se heurte à une médecine encore médiévale incapable d'en saisir la nouveauté et l'importance. Une vision globale de la nature permettait à son génie d'embrasser les domaines de connaissance les plus divers (médecine, astrologie, métallurgie, magie, etc....).

32. R. Tresoldi, Esoterismo-dizionario eniclopedico, Giunti Editore 2012-2016, pp. 251-252. "Pierre fabuleuse ou substance capable de transformer les métaux en or, de guérir les maladies, de prolonger la vie".

Betti et Gianfranco Angelucci ont rapporté de l'incident, dans une version différente (ou à une autre occasion), qui développe ce qui ressort du récit de Rinaldo Geleng, de sorte qu'à partir de la matérialisation spirite, nous découvrons aussi l'influence d'une expérience qui a eu lieu par écriture automatique ou médiumnique: " Casanova a commencé par appeler Fellini "Monsieur Goldoni" (qu'est-ce qu'il connaît du cinéma? Le seul vague discernement quant à la profession de son inflexible critique moderne est le théâtre); puis il ponctue, pudiquement: "Et s'il vous plait, appelez-moi!" En moins de dix secondes d'obscurité totale, le magicien Rol remplit une quarantaine de feuilles épaisses de l'écriture minutieuse et sèche de l'auteur des Mémoires. À la fin du rendez-vous, Fellini voit apparaître dans la poche d'une veste une carte de visite du séducteur qui contient quelques conseils d'hygiène sexuelle qui lui sont personnellement adressés: "Ne restez jamais debout". Jamais après avoir mangé". Federico revient à Rome plus déprimé et renoncé qu'avant[33]".

---

33. L. Berti, G. Angelucci, Casanova: rendez-vous avec Federico Fellini, Bompiani, 1975.

HUIT ½

Asa Nisi Masa, la formule que la sorcière Maya reçoit par télépathie de Guido Anselmi (Marcello Mastroianni), que l'on pourrait traduire par A(sa) Ni(si) Ma(sa): âme.

Le chef-d'œuvre de Fellini est un film en devenir, offrant toujours de nouvelles lectures, la synthèse de toutes ses visions, de toutes ses recherches intérieures troubles.

Il y a plusieurs niveaux d'interprétation dans le film: le niveau réel, l'histoire d'un réalisateur en crise créative; le niveau onirique qui évoque le passé et l'enfance du protagoniste; et le niveau de la fantaisie, ou plutôt de l'imagination.

C'est un film profondément psychanalytique.

L'inquiétante scène d'ouverture avec Guido (Marcello Mastroianni), coincé dans sa voiture, sur le point de suffoquer, observé par une multitude d'yeux indiscrets et indifférents, qui, coincés dans le trafic comme lui -chacun dans sa propre voiture-, ne donnent pas le moindre signe de vouloir aider l'homme, qui se libère soudain en pouvant marcher au-dessus des nuages, juste avant de se retrouver, comme un cerf-volant, accroché par une corde à sa cheville et retenu par un avocat qui tire sur la corde et l'envoie dégringoler vers le bas, où il s'enfonce dans la mer (inconscient), où il devra renaître à une nouvelle vie.

Le film est un affrontement entre la lumière et l'obscurité, à travers une construction raffinée d'images, immergée dans une réalité fragmentée, qui montre les mécanismes de l'esprit humain: le rêve représente la façon dont l'esprit traite les contenus les plus profonds qui résident dans l'être humain et qui attendent dans les terres intérieures d'être rectifiés dans un réel V. I. T. R. I. O. L.[34].

Dès le début du film, Guido montre qu'il est dans une situation de blocage, et qui sait combien de fois cela sera arrivé à Fellini. Le blocage du protagoniste est certes un blocage créatif, mais c'est

---

34. V.I.T.R.I.O.L. Devise alchimique latine: "Visita Interiora Terrae, Rectificando Invenies Occultum Lapidem" (Visitez l'intérieur de la terre, en travaillant vertueusement vous trouverez la pierre cachée). Comme les autres symboles alchimiques, il a une double signification: l'une concerne l'opération sur la matière que l'alchimiste effectue dans son atelier, l'autre est la signification spirituelle: une invitation à descendre (en méditant) dans les profondeurs de son être. Cette descente aux "enfers" est une coutume rituelle qui appartient à la plupart des confréries initiatiques du passé et du présent.

aussi un blocage existentiel, car il enveloppe tous les domaines de sa vie. Guido est plongé dans un état anxiogène et narcissique, où il n'a plus de relation avec les autres et avec le monde extérieur, avec la réalité qui l'entoure. Une réalité dont il s'éloigne continuellement, mais une partie de lui-même, toujours présente, vient l'obliger à remettre les pieds sur terre. Ce qui a été montré jusqu'à présent, Fellini le montre immédiatement de manière rêveuse: la chute dans la mer comme mort et renaissance. C'est ainsi que surgit le thème des questions importantes, des considérations nécessaires, telles que celles liées au bonheur et à l'être soi; et l'on découvre alors, à travers le protagoniste et ses rencontres, que le bonheur n'est pas quelque chose d'intrinsèque à la création, mais qu'il est peut-être comme la liberté: il doit être conquis, ou peut-être faut-il simplement accepter qu'il n'est pas garanti, et la seule possibilité dont dispose l'homme pour contrer ces absences est l'amour, qui représente le véritable contraire de la mort, plus encore que la vie elle-même. À cet égard, une phrase de Rol me revient en mémoire: "Chaque jour, je suis davantage convaincu que le gaspillage de notre existence réside dans l'amour que nous n'avons pas donné. L'amour que nous avons donné est la seule richesse que nous conserverons pour l'éternité".

L'aspect onirique du film Huit 1/2, démontre le processus nécessaire au dialogue interne à travers les images, qui sont le résultat de millions d'années d'évolution et qui dans le rêve se montrent à travers les contenus les plus profonds et les plus influents de nos vies. Guido doit affronter l'enfant qui est en lui, cet aspect qui a fait de lui un adulte narcissique, un homme avec une vision ptolémaïque qui se sent au centre de son monde, où tout tourne autour de lui, dans un tourbillon de malheur et de malaise croissant, où il devient nécessaire, pour se libérer, de retrouver l'authenticité, sa propre partie originelle, celle qui a été minée par l'éducation, la société, la culture, dans un processus de désintégration et de camouflage, qui commence dans l'enfance.

La grande découverte offerte par le message de Fellini est que le vrai bonheur réside dans la découverte et l'être de soi. Une vision, si l'on veut, orientale, tantrique: sans fin et sans commencement, qui s'exprime dans le final du film lorsque le prota-

goniste abandonne son enfant intérieur et ses caprices, pour endosser le rôle d'un adulte et prendre enfin conscience qu'il doit accepter la mortalité (rencontrée à plusieurs reprises dans le film, notamment à travers la rencontre onirique avec ses parents décédés). Une mortalité qui peut enfin être acceptée comme un élément naturel, montrant comment être est plus important que faire et que cela n'est qu'une conséquence de l'être.

"tu es libre, mais il faut savoir choisir et puis il ne te reste plus beaucoup de temps, allez dépêche-toi..."

Alejandro Jodorowsky: "Nous nous identifions à un personnage, qui n'est rien d'autre qu'une caricature de notre identité la plus profonde. Notre ego n'est rien de plus qu'une pâle copie, une approximation de notre être essentiel. Nous nous identifions à ce double à la fois dérisoire et illusoire. Et soudain, l'original apparaît. Le maître des lieux tend à prendre la place qui lui revient. A ce moment-là, le moi limité se sent persécuté, en danger de mort, ce qui est absolument vrai[35]".

---

35. A. Jodorowsky, Psychomagia, Giacomo Feltrinelli Editore Milano, 1997-2020, p.65

FILMS JAMAIS RÉALISÉS PAR FELLINI: LE VOYAGE DE G. MASTORNA ET VOYAGE A TULUM

Les rêves sont la porte d'entrée de l'inconscient, ils répondent à nos désirs et certains marquent notre vie. Pour Fellini, les rêves deviennent fondamentaux à partir de sa rencontre avec le psychanalyste jungien Ernest Bernhard, auprès duquel, à travers l'utilisation du Yi King (l'oracle chinois qui prédit l'avenir), il approfondit de plus en plus le concept de synchronicité et la réalisation de son livre de rêves: il dort toujours avec un carnet à côté de sa table de nuit pour écrire ou dessiner, dès son réveil, ce qu'il a rêvé pendant la nuit.

Après La dolce vita et Huit ½, Fellini passe au cinéma de rêve, entamant une saison intérieurement tributaire de recherches et d'expériences extrêmes, comme celle du LSD. Giulietta degli spiriti est non seulement son premier long métrage en couleur, mais il constitue un tournant dans sa carrière; en effet, le réalisateur renonce après ce film à certains collaborateurs historiques, comme le producteur Angelo Rizzoli et le scénariste Ennio Flaiano. L'idée de tourner

le Voyage de G. Mastorna, que Vincenzo Mollica appelle " le film non réalisé le plus célèbre de l'histoire du cinéma ", commence à prendre forme. En réalité, Fellini portait en lui la graine de cette idée depuis son enfance et avait été particulièrement frappé par une histoire de Dino Buzzati datant de 1938, intitulée: L'étrange voyage de Domenico Molo. L'étrange voyage d'un garçon de douze ans qui, après être mort, se retrouve dans une ville sans frontières et sans nom. Dino Buzzati travaillera aux côtés de Fellini sur le scénario du film, tandis que la production sera assurée par Dino De Laurentiis, qui, en tant qu'homme superstitieux, se déclare immédiatement sceptique quant au sujet du film. La première ébauche du sujet[36] montre le premier changement par rapport à l'histoire de Buzzati: le protagoniste n'est plus un jeune garçon, mais un violoncelliste de quarante-cinq ans (il a le même âge que Fellini et représente sa transposition intérieure). L'histoire commence sur un avion de ligne qui est frappé par une tempête et semble destiné à s'écraser. À bord, le plus ter-

---

36. http://massimilianomarigliani.blogspot.com/2019/05/il-film-maledetto-di-fellini-il-viaggio.html

rifié de tous est Mastorna - il est amusant de se rappeler que Fellini avait choisi le nom du protagoniste en ouvrant au hasard l'annuaire téléphonique - qui, lorsque la foudre déchire l'obscurité en montrant la pente d'une montagne si proche qu'elle semble inévitable, ferme les yeux en attendant la fin. Mais soudain, les turbulences s'atténuent et l'avion se pose en urgence dans une ville où l'on aperçoit au loin les flèches d'une cathédrale gothique. Une fois au sol, Mastorna se fraye un chemin dans les rues de la ville qui lui semblent étrangères et pourtant familières: les gens parlent une langue incompréhensible et les plaques de rue sont indéchiffrables. Troublé, il tente de partir, puis atteint la gare où il voit un train sur le quai. Dans le train, il voit un garçon qui le salue. Mastorna tremble, déglutit, et reconnaît le garçon comme un vieil ami à lui, mort plusieurs années auparavant...

En réalité, l'avion n'avait pas atterri, mais s'était écrasé au sol; l'homme était donc en route pour l'au-delà.

"Non... ce n'est pas possible... je ne suis pas mort! Je ne peux pas être mort! (Mastorna touche son visage et ses bras)... je me touche... je sens... je suis fait de chair... mon cœur bat... je sens... je vois... ce n'est pas possible... ramenez-moi![37] "

Le film résumerait le monde onirique de Fellini en le mélangeant à la vie réelle.

Avec De Laurentiis comme producteur, Fellini avait tourné La Strada et Le notti di Cabiria, mais contrairement à l'époque, le réalisateur était alors considéré comme le plus grand cinéaste du monde, donc superstition mise à part, De Laurentiis n'allait pas laisser passer l'occasion. Au printemps 65, il commence à écrire le scénario avec Buzzati et tout semble aller bien, jusqu'à ce que des rêves troublants commencent, comme celui où Fellini se retrouve chez son psychanalyste Bernhard, accueilli par un jeune inconnu pâle qui le fait entrer, où le réalisateur voit immédiatement, allongé sur le sol, le psychanalyste mort, qui se lève soudainement et lui saisit les poignets. Fin juin, Bernhard meurt réellement, et lorsque Fellini se rend chez le psychanalyste pour le voir une dernière fois, le même jeune inconnu dont il avait rêvé quelques mois plus tôt lui ouvre la porte. Fellini retourne bien-

---

37. F. Fellini, Le voyage de G. Mastorna, Quodlibet, 2008, p.55

tôt se plonger dans son travail d'écriture. Entre-temps, De Laurentiis a construit des studios de tournage en dehors de Rome (sur la Pontina) qui peuvent rivaliser avec ceux de Cinecittà: les Dinocities. Les décors du film sont en train d'y être construits: l'église gothique, l'avion, et il y a déjà des centaines de costumes grisés par la cendre pour donner l'impression d'une vie après la mort. Ainsi, tandis que De Laurentiis investit des centaines de millions de lires dans la préparation du film, les angoisses de Fellini se poursuivent dans sa vie et aussi dans ses rêves, comme celui de mars 66 - noté comme tout le monde dans son carnet - où il rêvait de piloter un avion et de s'écraser, Il parvient à contrôler l'appareil et à l'arrêter, in extremis, à l'entrée d'un tunnel, près duquel il remarque deux vieilles femmes qui tricotent et lui rappellent les Parques[38], divinités qui, dans la mythologie classique, contrôlent le destin des hommes de leur naissance à leur mort.

Les événements synchrones ont une significa-

---

38. Parche, http://www.treccani.it/enciclopedia/parche/ (lat. Parcae) A l'origine, prise par les anciens Latins, il n'y avait qu'une P., déesse présidant aux naissances, puis il y en eut trois, assimilée à la Moire grecque.

tion très importante pour Fellini et ils deviennent de plus en plus fréquents, s'exprimant à travers des rêves et des visions effrayantes.

Un jour, alors qu'il se repose dans un des bureaux de la production, il a une vision: il voit le décor de l'église gothique avec toutes ses flèches s'effondrer sur lui. Dans un autre rêve, il se retrouve accroché à un train en marche sans pouvoir y monter et bien qu'il appelle à l'aide, personne ne vient le secourir, mais l'événement qui le traumatise le plus vient de Gustavo Rol, un avertissement clair de ne pas faire ce film.

Dans un épisode de l'émission télévisée: Muse inquietanti[39], animé par Carlo Lucarelli, diffusé le 23 janvier 2017, et consacré au film que Fellini n'a jamais fait, Lucarelli raconte que quelqu'un a chuchoté que Rol avait trouvé un mot dans la poche du réalisateur, avec une phrase très courte écrite dessus: "ne faites pas ce film". Cependant, la même histoire est racontée différemment par Renzo Allegri dans un de ses livres[40]: avant de commencer le tournage du

---

39. https://www.youtube.com/watch?v=zFfFLGLiDI0
40. R. Allegri, Rol, le grand devin, Mondadori, 2004, pp. 207-208.

film, Fellini voulait voir Rol et a demandé à Dino Buzzati de l'accompagner. Almerina Buzzati et Giulietta Masina étaient également présentes à la réunion. Dès que Rol ait accueilli les invités, il a dit à Fellini: "Non, tu ne dois jamais faire ce film, absolument. Malheur à vous si vous continuez à travailler sur ce projet". Mais comme le scénario était terminé, les contrats signés, l'avertissement de Rol n'a pas été pris en compte. Il était désormais impossible d'arrêter cette machine énorme en fonctionnement. Fellini, cependant, était plein de scrupules. Il ne cessait de penser aux paroles de Rol et voulait retourner auprès de lui. Allegri raconte que lorsqu'ils sont revus à Turin, Rol était terrible, il a dit qu'ils avaient eu tort de poursuivre ce projet et qu'ils en paieraient les conséquences. Il était si dur que Masina a pleuré. Allegri ajoute que dans les semaines suivantes, Masina est tombé malade et a été hospitalisé en Suisse. C'est une histoire bien connue que Fellini est également tombé malade, mais avant de raconter cet événement, je dois ouvrir une parenthèse qui nous relie au film Casanova de Federico Fellini, qui comme l'écrit Maria Luisa Giordano: "Rol n'a pas du tout aimé le film. Au contraire, il était très mécontent de la manière dont ce personnage avait été dépeint dans le film. [...] Lors d'une expérience à laquelle nous avions également participé, l'esprit intelligent de Casanova s'est manifesté et il a regretté d'avoir été mis sous un mauvais jour dans le film. Mais à la fin, Giacomo Casanova a prononcé des paroles de pardon et d'estime pour Fellini et l'horizon s'est calmé. [...] En ce qui concerne une autre œuvre de Fellini, Le voyage de G. Mastorna, Rol m'a dit qu'il avait décidément déconseillé de faire ce film, il avait été catégorique parce qu'il "sentait" qu'il y avait des empêchements, des négativités qui ne lui auraient pas permis de le faire[41]".

Il est intéressant ce contrepoids entre l'aide des mondes sensibles, -même disposés à pardonner dans le cas du film sur Casanova-, et le présage pressenti par Rol, et vécu dans l'expérience onirique de Fellini, qui confirme l'empêchement du réalisateur de pouvoir tourner Mastorna.

Au-delà des perceptions et des craintes de De Laurentiis sur l'admonestation de Rol, qui,

---

41. M. L. Giordano, Rol et l'autre dimension, Best BUR-Rizzoli, 2018, pp. 169-172.

quelques années après la mort de Fellini, a enlevé le sommeil à Geleng, le remplissant de doutes après une vie de scepticisme sur certains sujets. Je dois souligner qu'au-delà de l'avertissement effrayant et arbitraire, ce que Rol voulait, c'était que Fellini change la fin du film, qu'il jugeait pessimiste, et il souhaitait que le réalisateur laisse, au contraire, place à l'espoir d'une vision après la mort terrestre remplie d'Amour et de Lumière. En guise de preuve, voici un extrait d'une interview téléphonique de Rol par le journaliste Bruno Quaranta pour un article de "La Stampa" du 03/11/1993, qui fait également partie des archives de Franco Rol: "Une preuve que Rol n'a pas boycotté Il viaggio di G. Mastorna?".

" Voilà: je me suis permis de faire une variation sur la fin. Mais procédons dans l'ordre. L'histoire. Un avion s'écrase. A bord se trouve un pilote. Lui et les autres passagers ne se rendent pas compte qu'ils sont morts. Ils se précipitent sur les téléphones pour rassurer leurs proches. Une illusion se brise rapidement. Un compagnon occasionnel, arrêté dans une maison de plaisance, dit à Mastorna la dure vérité: "Vous êtes mort". L'épilogue? Le chef d'orchestre, désormais libéré du cauchemar de la mort qu'il est, se retrouve dans un grand théâtre. Le plafond se déchire, un ciel d'une couleur inédite apparaît, toile de fond d'un printemps éblouissant. Il est facile d'imaginer comment Fellini aurait rendu la parabole de Mastorna à l'écran: de façon stupéfiante. [...] Pour Mastorna, la mort devait être révélée autrement, pas par une femme de petite vertu. C'est là que j'ai ressenti un fort désir, presque un ordre, de réinventer la fin. Marcello Mastroianni l'a aussi apprécié, qui était venu me voir poussé, qui sait, par Federico. Je le lui ai lu, il a ouvert grand les bras, enthousiaste: 'Ce serait une gloire immense pour Fellini'.

Le 14 septembre 1966, après d'interminables tourments, Fellini écrit une lettre au producteur Dino De Laurentiis, l'informant qu'il ne veut plus faire le film sur Mastorna. Ce n'est pas la première lettre qui est adressée au producteur pendant la préparation du film. La première, très longue, date probablement de la fin de l'année 65; il en existe plusieurs versions, qui ont changé au fur et à mesure que les idées se précisaient et que le scénario prenait de l'existence[42].

42. F. Fellini, Le voyage de G. Mastorna, Quodlibet, 2008, pp. 167-205

Lorsqu'il a reçu la lettre, De Laurentiis est entré dans une colère noire et a poursuivi Fellini en justice pour des dommages et intérêts de plus d'un milliard de lires. De Laurentiis ne s'est pas arrêté aux graves problèmes physiques de Fellini non plus. Franco Zeffirelli (à qui Rol a dit catégoriquement qu'il allait faire un film sur Jésus, alors que le réalisateur n'y avait jamais pensé), des années plus tard, a apporté son témoignage sur l'incident. Depuis que Fellini a annoncé qu'il abandonnait le film, il a commencé à se sentir mieux. Quelques semaines plus tard, des examens radiologiques ont montré que la tumeur avait disparu. Le producteur Dino De Laurentiis s'est cependant retourné contre Fellini en le poursuivant en justice, en le discréditant et en l'accusant d'avoir utilisé auparavant les radiographies de quelqu'un d'autre. Même les médecins n'ont pas pu expliquer ce mystère, mais les radiographies en ont été la preuve, et il a été prouvé qu'elles étaient bien celles de Federico. Cependant, De Laurentiis a poursuivi le procès et l'a gagné, emportant tous les biens de Federico, y compris la maison à Fregene[43].

Le 25 septembre 1966, des policiers sont allés

---

43. F. Rol, L'homme de l'impossible- Vol. 1, III-Interventions thérapeutiques, 2018, p. 110.

saisir des tableaux et des ornements de valeur au domicile de Fellini. La rupture semble définitive, mais quelques mois plus tard, le producteur tente à nouveau de se réconcilier avec le réalisateur. Fellini est toujours le plus grand réalisateur vivant. En février 1967, les deux hommes, accompagnés de leurs avocats respectifs, se sont rencontrés à la Villa Borghese, ont marché ensemble, discuté, clarifié et finalement se sont réconciliés. Maintenant, la production peut reprendre là où elle s'est arrêtée. Dès lors, la recherche spasmodique du protagoniste commence. Fellini avait initialement pensé à Enrico Maria Salerno, mais pour De Laurentiis, ce nom n'était pas assez célèbre. Le producteur voulait des noms internationaux, comme Paul Newman ou Gregory Peck, puis ils se sont finalement mis d'accord sur un nom très important du cinéma italien: Ugo Tognazzi, qui sera d'ailleurs le seul acteur à signer un contrat. Avant que la production ne soit arrêtée une première fois, le personnage principal - Mastorna - devait être interprété par Marcello Mastroianni, mais même Vittorio Gassman, plusieurs années plus tard, a révélé qu'on lui avait proposé le rôle, lorsque le film devait reprendre pour la troisième fois: "[...] (Fellini)

en 75 est venu me voir là où je jouais à Turin, et m'a dit 'J'ai décidé que tu le ferais'. [...] Rol m'a dit à l'époque: "écoutez, Federico est de bonne foi, mais le film sera annulé dans neuf jours". Et c'est ce qui s'est passé. "Parce que c'est un film qui ne peut pas être fait" Il ne voulait pas m'en dire plus, c'était comme ça[44]".

Pendant les semaines passées à identifier le possible protagoniste du film, Fellini est nerveux et continue d'être perturbé dans son sommeil par des rêves de plus en plus angoissants. C'est le subconscient qui continue à parler à l'esprit du réalisateur. Les rêves sont représentés sur le papier par des panneaux stop, des routes bloquées, des fusillades et des catastrophes. Une nuit, entre le 10 et le 12 avril 1967, Fellini ne supporte plus le stress. Il se sent mal à Rome, dans la chambre de la résidence où il logeait. Il a été saisi d'une crise respiratoire et emmené dans une clinique près de la colline du Janicule. Il sera hospitalisé pendant un mois, entre la vie et la mort, au grand désarroi des amis qui viennent lui rendre un dernier hommage et à la frustration

---

44. F. Rol, L'homme de l'impossible- Vol. 1, IX-Précognition, 2018, pp. 231-232

des médecins, qui ne parviennent pas à identifier l'origine de la maladie. C'est Ercole Sega, médecin et ami de lycée de Fellini, qui percera le mystère en étudiant les dossiers cyniques: il s'agit d'une forme rare de pleurésie allergique appelée maladie de Sanarelli-Schwarzman. Après quelques injections de cortisone, Fellini a commencé à s'améliorer et est sorti de l'hôpital au bout de quelques semaines. Très éprouvé par la maladie et toujours attentif aux signes et aux synchronicités, le réalisateur n'a plus de doutes: il veut quitter le film.

Le 21 août 1967, il rêve de sauver des enfants et une fois qu'ils sont sauvés, le directeur est décapité. Ce rêve prend une signification claire pour Fellini: les enfants représentent les films à réaliser, et la décapitation concerne Mastorna. Il rencontre immédiatement De Laurentiis et ils se mettent d'accord sur un nouveau contrat pour remplacer le précédent, qui le liera au producteur avec l'engagement de réaliser trois nouveaux films, parmi lesquels, bien sûr, ne figure plus celui de Mastorna. De Laurentiis a remis les droits du scénario du film en difficulté entre les mains du producteur Grimaldi. Grimaldi a également trouvé le soutien de financiers américains, mais Fellini n'est pas revenu sur ses pas et a refusé la possibilité de le réaliser. Il ne veut plus en parler, du moins jusqu'en 1976, lorsqu'il rencontre le scénariste Tonino Guerra, à qui il raconte toute l'intrigue du film sur Mastorna.

Le transport de l'histoire fait s'envoler leur imagination à tous les deux, mais l'enchantement ne dure qu'un court moment, il est brisé par un appel téléphonique que Fellini reçoit. Le coup de fil s'avère malheureux: il apporte de mauvaises nouvelles, si bien que Fellini, une fois de plus effrayé par l'événement synchronique, décide de prendre le scénario et de l'enfermer dans un placard. Mais les démons reviennent et c'est ce que racontent les doutes tourmentés de Geleng, rapportés par Renzo Allegri dans son livre Rol il grande veggente (Rol le grand voyant): "En 1992, des amis ont réussi à convaincre Federico de publier le scénario de ce film sous forme de bande dessinée. Quand je l'ai appris, j'ai eu un accident. Même une bande dessinée est en fait un film, c'est-à-dire la narration d'une histoire par des images. Je ne comprenais pas pourquoi Fellini n'avait pas fait une telle réflexion. J'ai pensé à ce que Rol m'avait dit, à savoir "vous ne devez absolument pas faire ce film". [...] Fellini a non seulement donné l'autorisation de publier le scénario illustré par Milo Manara, mais il a lui-même collaboré au projet, avec des croquis, des idées, des suggestions. En bref, il a réalisé, sous la forme d'une bande dessinée, une histoire que Rol, en 1965, lui avait "absolument" déconseillé de faire, comme s'il s'agissait d'une menace pour lui. Et, en fait, c'est là que les ennuis ont commencé pour Federico. Je ne veux pas passer pour un fanatique, mais c'est la réalité des faits. Après la publication de ce scénario, Federico est en proie à une série d'ennuis physiques qui l'amènent à une fin précoce et inattendue[45]".

En dix mois, avec l'heureux intermède de l'Oscar pour l'ensemble de sa carrière (le cinquième), Fellini a atteint l'épilogue de sa vie, d'abord il a commencé à souffrir d'une artère fémorale où s'était formé un anévrisme, puis une fois opéré en Suisse à son retour des États-Unis et retiré à Rimini pour son séjour, il a été saisi par une attaque cérébrale, qui l'a contraint à plusieurs hospitalisations entre Rimini, Ferrare et Rome,

---

45. R. Allegri, Rol, le grand devin, Mondadori, 2004, pp. 209-210.

où il a finalement subi une deuxième attaque et après deux semaines de coma, il est mort.

Quant à Voyage à Tulum, et aux raisons de son abandon, des explications contradictoires ont été données et les révélations de ceux qui ont suivi Fellini lors de son célèbre voyage au Mexique en 1985, de Fellini lui-même ou de ses amis les plus proches, n'ont jamais été suffisantes. Même cela laisse un voile de mystère des décennies plus tard.

La réalisatrice mexicaine Tihaoga Ruge, qui, en 1979, a été choisie comme jeune assistante de Fellini dans le film La Cité des femmes, a présenté son hommage à Fellini lors du 27e festival du film de Guadalajara, avec le documentaire "Suenando con Tulum, omaggio a Federico Fellini", qui raconte de manière rêveuse, à travers les recherches d'un journaliste, le voyage de Fellini au Mexique, pour finir par vivre ses propres expériences. Un voyage qui a ramené en Italie un Fellini transformé, comme s'il avait absorbé les enseignements de Don Juan, et n'était donc plus attaché à l'ambition et n'avait plus peur de la vieillesse et de la mort.

Ce sont les suggestions littéraires absorbées

et inspirées par les livres de Carlos Castaneda[46] qui ont convaincu Fellini de réaliser un film sur les sorciers, la magie et les initiations. En 1985, Fellini part avec l'écrivain Andrea De Carlo, qui est alors son jeune assistant. La première étape était Los Angeles, où ils devaient rencontrer le producteur Grimaldi et, surtout, Castaneda, puis poursuivre ensemble vers le Mexique sous la direction de l'écrivain, qui avait été l'élève du chaman Don Juan[47] pendant plusieurs années.

De Laurentiis a essayé pendant des années d'acquérir les droits de certains des livres de Castaneda, mais celui-ci semblait inaccessible, jusqu'à ce qu'il soit dit qu'il est soudainement arrivé à Rome pour rencontrer Fellini, et il existe au moins deux versions légendaires de cette ren-

---

46. Carlos Castaneda (1925-1998) écrivain et anthropologue péruvien, naturalisé américain en 1957, décrit dans ses livres à la première personne ses expériences sous la direction du chaman Don Juan, qu'il a probablement rencontré fin 1960 et début 1961.

47. C. Castaneda, The Art of Dreaming, BUR, 2007, Note de l'auteur. PP.7-12 Castaneda décrit Don Juan Matus comme un intermédiaire entre le monde naturel de la vie quotidienne et un monde invisible qu'il n'appelle pas surnaturel mais Seconde Attention. [...] Don Juan soutenait que notre monde, que nous considérions unique et absolu, n'était qu'une composante d'un ensemble de mondes consécutifs, disposés comme les couches d'un oignon. Il affirmait que, bien que notre condition du point de vue de l'énergie ne nous permette de percevoir que notre monde, nous avions néanmoins la capacité de pénétrer dans ces autres mondes; et c'étaient des mondes réels, aussi uniques, absolus et impliqués que le nôtre.

contre: l'une dit que Castaneda est arrivé dans une limousine sur le Grande Raccordo Anulare de Rome, l'autre qu'il s'est matérialisé comme une entité dans la voiture de Fellini. Cela aussi fait partie du spectacle et de la manière de représenter la réalité: la dépasser, la déformer et la montrer sans ses chaînes matérielles. Une synthèse alchimique de mensonges et d'enchantements (que Jodorowsky apprécierait), mais aussi de possibilités incompréhensibles pour la plupart, qui assimilait à la fois Fellini et Castaneda.

Comme dans le cas de Mastorna, le mot "voyage" est également présent dans le titre du film, dans ce cas, il ne s'agit pas d'un voyage vers l'au-delà, mais d'un voyage initiatique dans son propre monde intérieur, à la recherche du Soi et à la recherche de plans incompréhensibles uniquement par les sens humains, dans ces dimensions qui resteront toujours inconnues à ceux qui n'ont pas le "courage du guerrier" (sur la voie du chaman), et qui explorent donc d'autres plans de connaissance.

Carlos Castaneda était un écrivain absent du monde réel, il n'y avait pas de photographies de lui, pas d'endroit où le chercher, pas d'interviews, seulement ses livres et le mystère entourant sa figure. Pendant cinq ans, Fellini et De Laurentiis ont tenté en vain de le contacter, jusqu'à son apparition légendaire et spontanée. Au Mexique, cependant, les choses se compliquent: Castaneda s'est déjà enfui à Los Angeles, disant que la nuit précédente, il avait été poursuivi par la CIA et que, pour ne pas risquer la vie de tout le monde, il ne partirait pas avec eux pour le Mexique, mais resterait caché à Los Angeles. Castaneda, laissant le groupe sans guide, remet en question la poursuite du voyage, au point que Fellini veut rentrer en Italie, mais les événements étranges liés aux " voix " commencent: le matin même, il reçoit un appel téléphonique d'une voix métallique, peut-être synthétisée électroniquement. La voix lui demande d'abord quelle langue il préfère, puisqu'il peut les parler toutes, puis, pour lui montrer son autorité et son savoir, elle commence à lui raconter des choses sur lui que personne d'autre ne connaissait et à l'avertir que s'il ne mène pas le voyage à son terme, il ne comprendra jamais ce qui l'a amené à vivre jusqu'à ce point (il ne se comprendra donc jamais lui-même?). Fellini se laisse alors convaincre et part au Mexique avec De Carlo et Grimaldi.

Les "voix" les suivront tout au long du voyage, donnant des indications, demandant des preuves, anticipant les réservations d'hôtel, et seront également appelées plus tard les "Mexicains" ou les "prêtres".

Les événements sont incertains et racontés différemment au fil des ans, surtout presque tout est omis, et il n'existe même pas de photos ou de films pour raconter cet étrange voyage. Fellini racontera sa version dans une série d'articles publiés dans le Corriere della Sera en 1986 et ensuite dans la bande dessinée de Manara qui porte le titre du film qui n'a pas été tourné, tandis que plus tard De Carlo traitera le thème de ce voyage dans son roman: Yucatan, qui avec sa publication a sanctionné la fin de l'amitié entre l'écrivain et le réalisateur, pour des raisons qui restent inconnues à ce jour.

Avant même les "rumeurs", l'affaire comporte d'autres aspects étranges, comme les notes que Fellini trouve dans les chambres d'hôtel avec la mention "méfiez-vous de Castaneda", qui apparaît déjà dans l'hôtel de Los Angeles.

Le scénariste Tullio Pinelli parle également d'appels téléphoniques qu'il a reçus et, selon son témoignage, il s'agit de voix d'identités pas parfaitement humaines[48]...

Comme ce fut le cas pour le film sur le voyage de Mastorna, Gustavo Rol déconseilla à Fellini de réaliser ce film. Giuditta Dembech a tenté de relater certains passages de cette affaire dans l'un de ses livres[49], mais ce qui reste le plus intéressant se trouve dans le CD joint au livre, où l'on trouve un extrait d'un appel téléphonique de 1987 entre elle et Rol, qui déclare que les étranges "voix", les étranges "prêtres", ont dit à Fellini de ne pas consulter Rol parce qu'il était maintenant vieux et inutile.

Lors de cet appel téléphonique, Rol a dit qu'il avait dit à Fellini de ne pas faire le film, et avec ce qui s'était passé, Fellini était terrifié. En outre, il a ajouté que les prêtres mexicains avaient dit à Fellini de ne plus demander Rol, parce qu'il était

---

48. Le témoignage de https://www.youtube.com/watch?v=YeBkNmfyprw Pinelli dans Journey to Tulum (présentation du projet de film 2009,) de Marco Bartoccioni

49. G. Dembech, Gustavo Adolfo Rol-le grand précurseur, Aries Multimedia, 2008. PP 36-42

trop vieux et qu'on n'avait plus besoin de lui, mais personne n'avait jamais informé les prêtres au Mexique de cette intention. Cela a laissé Fellini stupéfait.

Ce qui reste de Voyage à Tulum est, outre le désir inassouvi d'en faire un film, la énième transformation intérieure de Fellini, qui de l'expérience mexicaine transcendante et psychédélique, sur le chemin des expériences des chamans, a ramené en Italie un homme changé, libéré des superstructures antérieures et ayant moins peur de la mort. Un homme qui ne peut plus fermer la porte sur le seuil de l'inconnu, qui est un élément constant d'attraction et de recherche tout au long de sa vie, le transformant et le renforçant, inévitablement, également en tant qu'artiste.

CHAPITRE 2

DAVID LYNCH ET LA MÉDITATION TRANSCENDANTALE

LYNCH MÉDITATION ET CRÉATIVITÉ

"Nous sommes comme des ampoules électriques. Si la félicité commence à croître en vous, elle est comme une lumière: elle a un effet sur votre environnement[50]".

Les textes sacrés de l'hindouisme: Vedas, Upanishads et Bhagavad Gida, revêtent une importance considérable pour David Lynch. L'hindouisme repose sur six écoles de pensée différentes, celle qui intéresse le plus le réalisateur est considérée comme la somme des Védas, à savoir le Vedanta, qui ne manque pas non plus de ramifications ultérieures de la pensée qui sont apparues au fil des siècles.

Le IXe siècle voit la naissance de l'Advaita Vedanta, un mouvement dans lequel émerge la figure du philosophe Adi Shankara (788-820), affirmant la réalité non-duelle, condamnant le monde à une réalité illusoire et décrétant le monde divin comme indéfinissable en raison de sa transcendance avec le nôtre. Advaita signifie précisément: non-duel, donc ne pouvant

---

50. D. Lynch, En eaux profondes, Mondadori Libri S.p.A., Milan, 2008, p. 117

être défini ni comme unicum ni comme multiple; et c'est à cette théorie que Lynch a adhéré.

"Par la méditation, l'homme rend sa conscience vaincue. Le bonheur réside dans ce qui est sans limites. Il n'y a pas de bonheur dans le petit[51]".

"Les poissons nagent en surface, les gros en profondeur. Si vous pouvez élargir le bassin dans lequel vous pêchez - votre conscience - vous pouvez attraper de plus gros poissons[52]".

Pour Lynch, la méditation transcendantale, qu'il pratique depuis 1973, n'a pas seulement servi à rassembler des idées (poissons) dans les eaux profondes de sa conscience, mais, comme il l'a lui-même déclaré à plusieurs reprises, à un bien-être intérieur général, un état dans lequel on peut élargir sa conscience et sa compréhension de la vie.

La méditation transcendantale ne doit pas être interprétée comme une philosophie ou une religion, malgré ses millions d'adeptes, mais comme une méthode visant à accroître l'équi-

---

51. Upanisad, cit.
52. D. Lynch, In Deep Waters, Mondadori Libri S.p.A., Milan, 2008, p. 33.

libre psychophysique et le bien-être d'une personne.

Le gourou qui a introduit cette discipline ancienne en Occident en 1958 était l'Indien Maharishi Mahesh Yogi (1918-2008).

Au fil des ans, le gourou indien a formé plus de quarante mille personnes pour qu'elles puissent transmettre et enseigner la technique. Il a lui-même été instruit lors d'une retraite spirituelle dans l'Himalaya qui a duré douze ans et a été dirigée par son maître: Swami Brahamananda Saraswati (1868-1953).

Aujourd'hui, les temps de transmission de cette technique méditative sont évidemment plus restreints et développés avec des cours spécifiques et payants (environ 2.500 dollars), qui commencent par une première étape immersive de quatre jours, puis se poursuivent pendant quelques mois avec des rendez-vous, d'abord hebdomadaires puis mensuels, afin de tester sous le regard attentif du maître, ce qui a été appris et expérimenté seul. Chaque initié aura ensuite l'occasion de rencontrer le maître deux ou trois fois par an pour clarifier ses doutes et affiner sa technique. Le maître choisit un mantra pour son élève, qui doit le garder secrètement pour le reste de sa vie. La pratique se fait assis dans une position confortable deux fois par jour, pour une durée d'environ vingt minutes.

Un véritable business s'est créé autour de la méditation transcendantale. Au milieu des années 1990, les propriétés de l'organisation fondée par Maharishi Mahesh Yogi étaient évaluées à environ trois milliards de dollars. Une grande partie de ce succès est liée non seulement aux promesses, mais précisément aux déclarations de ses élèves, qui sont allés jusqu'à raconter des merveilles: de la possibilité de léviter (avec beaucoup de documentation photographique), à l'émission d'énergies capables de transmettre un tel niveau de paix et d'harmonie que la criminalité, le chômage, les accidents de voiture diminuaient et qu'elles favorisaient même la croissance du blé, si dans un certain endroit il y avait un grand nombre de personnes dédiées à la pratique de la technique méditative susmentionnée. Bien sûr, cela a été réfuté par le CSICOP[53] (l'équivalent de notre CICAP[54]),

---

53. Comité pour l'investigation scientifique des allégations du paranormal
54. Comité italien pour le contrôle des affirmations sur le paranormal

lorsque le psychologue Ray Hyman a été envoyé à Fairfield (Iwoa), où l'Université Internationale Maharishi est basée et où environ 13% de la population locale pratique la méditation transcendantale. M. Hyman a analysé les données fournies par la police locale, le ministère de l'agriculture et le ministère des véhicules à moteur et a constaté que les affirmations des adeptes de la technique méditative ne correspondaient pas aux données qui lui avaient été communiquées. Malgré cela, David Lynch s'est de plus en plus impliqué dans la méditation transcendantale, au point de fonder la David Lynch Foundation For Consciousness-Based Education and Peace, une organisation non gouvernementale qui vise à diffuser la méditation transcendantale, notamment auprès des enfants, en offrant également des bourses d'études[55]. Lynch a été sensibilisé par la question du trop grand stress chez les jeunes étudiants et les difficultés d'apprentissage qui en résultent. Selon Lynch, à l'école, les élèves assimilent des connaissances plus théoriques en ayant la possibilité de méditer plusieurs fois par jour pendant une dizaine de minutes, ce

---

55. R. Manzocco, Twin Peaks, David Lynch et la philosophie, Mimesis edizioni, 2010, Milan, pp. 17-18

qui les rend plus heureux et plus extravertis, et les aide également à mieux suivre leur scolarité d'un point de vue cognitif. Comme l'indique le réalisateur dans son livre "In Deep Waters", une éducation fondée sur la conscience développe tout le potentiel de l'homme.

Au-delà des aspects critiques relevés par le CSI-COP, comme c'est aussi le cas pour certaines enquêtes menées par notre CICAP, le noble désir de démonter les absurdités d'une grande partie du monde du paranormal ne suffit pas pour donner des réponses exhaustives sur tout, et finit par discréditer tout et tout le monde avec peu d'objectivité sur une base idéologique, comme cela s'est produit avec une enquête vidéo approximative et instrumentale menée sur Gustavo Rol par Massimo Polidoro[56]. Une vidéo précédée, entre autres, d'un article publié un an plus tôt sur le site Internet du journaliste et secrétaire national de la CICAP[57], dont les pro-

---

56. https://www.youtube.com/watch?v=lyoh-cgs4ge M. Polidoro, Histoires étranges, Gustavus Rol, médium ou imposteur? 2018
57. https://www.massimopolidoro.com/misteri/piero-angela-e-rol-quante-fantasie-per-difendere-una-favola.html,
Piero Angela et Rol, combien de fantasmes pour défendre un conte de fées, 2017 et

pos, pas très éloignés idéologiquement de ceux exprimés au fil des ans avec trop de facilité par d'autres sceptiques, ont déclenché la réaction de celui que l'on peut considérer comme l'un des plus grands experts de Rol, son cousin Franco, qui a publié un avertissement dans la dernière édition du livre L'homme del'impossible[58], également en vertu du fait que, contrairement à Polidoro et aux autres sceptiques, Franco a étudié pendant plusieurs années les archives, les phénomènes, les écrits, les déclarations et les témoignages sur Gustavo Rol, l'ayant égale-

---

58. F. Rol, L'homme de l'impossible-Volume1, 2015 de l'introduction pp37-38: " Nous espérons avec ce livre avoir fait un travail de clarification et avoir fourni d'autres éléments utiles à la connaissance de Rol et de son héritage scientifique et spirituel. Mais c'est aussi un ultimatum: aux critiques et aux sceptiques, en particulier à ceux qui se sont exprimés publiquement avec des déclarations ou des écrits faux ou superficiels. Après une anthologie de ce genre, après les indications sans équivoque sur la manière d'interpréter les expressions de base de Rol, après les opinions de certains magiciens - nouvellement rapportées ici - qui ont connu Rol et qui excluent que l'illusionnisme ait quoi que ce soit à voir avec lui, sont maintenant bien connues, il n'y a plus aucune circonstance atténuante ni pour l'ignorance ni pour l'arrogance. [...] Nous les invitons à reconsidérer et à rétracter ce qu'ils ont affirmé, sinon nous ne serons pas trop subtils avec leurs affirmations, qui ne relèvent ni de la science, ni d'une enquête historique sérieuse, et encore moins d'une quelconque justification philosophique ou spirituelle, si une telle chose peut jamais exister. [...] L'auteur de ce texte est un mentaliste expérimenté qui a dû se rendre compte à la fois que l'illusionnisme et en particulier le mentalisme (qui simule des phénomènes paranormaux) n'est pas suffisant pour comprendre la complexe et impressionnante casuistique de Rol, et que l'approche des sceptiques et nominalement celle de groupes idéologiques comme Cicap est extrêmement superficielle et manifestement pleine de préjugés et donc peu objective".

ment rencontré et fréquenté dans sa jeunesse, fournissant ainsi - outre l'écriture de trois livres volumineux -, la possibilité d'accéder à la FAQ[59], sur le site dédié aux Illuminati de Turin. La méditation transcendantale va bien au-delà des déclarations discutables et pleines d'opinion de certains de ses adeptes, et devrait donc être profondément respectée, notamment parce qu'elle fait partie intégrante de la pensée hindoue[60] et qu'elle constitue une clé importante pour mieux comprendre les inspirations de Lynch et son cinéma, sans pour autant circonscrire son expression artistique à la seule pensée indienne.

"Pour un artiste, comprendre les conflits et les tensions est une bonne chose. Ils peuvent vous donner des idées. Je vous garantis cependant qu'une trop grande tension vous empêche de créer. Trop de conflits barrent la route à la créativité. Vous pouvez faire avec, mais vous n'avez pas à vivre avec. [...] Certains artistes sont convaincus que la colère, la dépression ou d'autres sen-

---

59. http://gustavorol.org/index.php/it/faq Questions fréquemment posées sur Gustavo Adolfo Rol, édité par Franco Rol, 2014
60. Pour en savoir plus sur la pensée hindoue: A. Daniélou, Mythes et Dieux de l'Inde, Rizzoli, Milan, 2008

timents négatifs leur donnent un avantage. Ils pensent qu'ils doivent retenir la colère, la peur, pour pouvoir les représenter dans leurs œuvres. Ils n'aiment pas l'idée de devenir heureux; cela les rend malades. Ils pensent que cela les priverait de cet équipement supplémentaire, ou de leurs capacités. En revanche, si vous méditez, vous ne perdrez pas cette vitesse supplémentaire. Ni la créativité. Ni vos capacités. En fait, plus vous méditez et plus vous transcendez, plus ces qualités se développent, et vous vous en rendez compte. En s'immergeant, on acquiert une vision plus profonde de tous les aspects de la vie. [...] La félicité est comme un gilet pare-balles. Une protection. Si vous en avez assez, vous devenez invincible. Ainsi, lorsque tous les sentiments négatifs commencent à disparaître, vous pouvez saisir davantage d'idées et les comprendre plus profondément. Vous vous excitez plus facilement. Vous êtes plus énergique, plus lucide. Ensuite, vous pouvez vraiment retrousser vos manches et traduire les idées en n'importe quelle œuvre d'art[61]".

---

61. D. Lynch, En eaux profondes, Mondadori Libri S.p.A., Milan, 2008, pp. 105-107

LE SYMBOLISME DANS LE CINÉMA DE LYNCH

"S'asseoir devant le feu est hypnotique. Magique. J'éprouve les mêmes sensations avec l'électricité. La fumée. Et les lumières vacillantes[62]".

Pour Lynch, certains éléments de la nature ont une importance symbolique fondamentale et sont souvent utilisés, il suffit de penser au feu, à l'électricité et ils font souvent partie de cette sphère magique, que le réalisateur montre souvent dans ses œuvres; mais aussi les arbres, l'obscurité, les chiens et les hiboux font partie de cette manifestation magique qui est un présage d'événements ou de messages surnaturels.

Dans ses films, Lynch laisse des sédiments profonds dans l'esprit et la psyché du spectateur et, à cet égard, l'utilisation symbolique est décisive, notamment en vue d'un remaniement de l'œuvre après le visionnage lui-même.

Dans la série Les Secrets de Twin Peaks ou dans le film Fire Walk with Me, l'électricité indique la présence d'entités d'autres dimensions, évo-

---

62. D. Lynch, En eaux profondes, Mondadori Libri S.p.A., Milan, 2008, feu p. 139

quant la foudre qui était considérée comme une manifestation du divin dans l'Antiquité. Le feu, élément du symbolisme hermétique[63], prend des connotations émotionnelles et en même temps magiques, anticipant des scènes de forte intensité émotionnelle. Le bois (les arbres - la souche - la forêt), qui est un vecteur de feu, est porteur d'entités et de messages magiques. Les hiboux, posés sur les arbres, veillent sans cesse et sont peut-être des espions envoyés par la Loge Noire ou la Loge Blanche et qui "ne sont pas ce qu'ils semblent être". Le sol en zigzag noir et blanc évoque le sol en damier du temple maçonnique, qui exprime par la dualité, la conflictualité de l'âme humaine condamnée à combattre sa propre nature. Le bien et le mal, les vices et les vertus, ainsi que la lumière et l'ombre se succèdent, rappelant au maçon que si l'on s'en tient au blanc, on est assailli de toutes parts par les forces obscures, et inversement en

---

63. O. Wirth, Le Symbolisme Hermétique, Edizioni Mediterranee, 2009, p. 140 "En quoi consiste la vie des métaux? Ce n'est rien d'autre que le feu, lorsqu'ils sont encore au repos dans leurs mines respectives. (C'est le feu central ou l'ardeur sulfureuse, la source du mouvement vital). En quoi consiste leur mort? La vie et la mort sont pour eux le même principe, car ils meurent aussi par le feu, mais c'est un feu de fusion. (Le feu de la fusion est celui du bûcher d'Hercule, où l'individualité se fond dans le Tout, dans lequel son autonomie s'affirme)".

s'en tenant au noir; mais le profane, en regardant le sol de manière exotérique, ne pourra pas discerner le droit chemin de l'initié.

Les chiens, en revanche, sont des percepteurs extrasensoriels; ils sentent les entités maléfiques et les dangers avant les gens, grâce à leur sixième sens, et donc ils aboient ou grognent.

Aux symboles succèdent les déformations, les angoisses et les obsessions de ces personnages qui accompagnent le spectateur dans une dimension onirique plus proche du cauchemar que du rêve.

Le corps lui-même, souvent encadré dans son démembrement: de l'oreille coupée de Blue Velvet, à la tête et à la main coupées de Savage Heart, en passant par les corps sortant de terre comme des plantes dans The grandmother, ou à la difformité du protagoniste de The elephant man, comme à celle de la femme chantant la chanson mélancolique dans le radiateur d'Eraserhead, prend une signification symbolique liée à la fois au pressentiment et à l'investigation, également comprise comme une quête intérieure à travers la confrontation avec sa propre ombre intérieure et l'acceptation même des conditions qui doivent conduire à la mise en œuvre d'une volonté de fer. Ces personnages sont mis en scène dans la représentation du "différent": "qui refuse d'être défini comme tel et crie son humanité non seulement avec sa propre voix, mais avec ses actions et sa personnalité même rejetant l'animalité dans laquelle d'autres voudraient l'enfoncer[64]"; mais surtout, Lynch étant à la fois peintre et cinéaste (comme Fellini et Jodorowsky sont aussi dessinateurs et caricaturistes), il est un constructeur d'images et d'émotions visuelles qui se diffusent à travers ce que l'on pourrait définir comme une conscience de la peinture, qui, en devenant image cinématographique, en tire un mouvement vital en passant par le conflit entre signifiant et signifié, typique de la peinture surréaliste. Ce n'est pas un hasard si l'artiste surréaliste peut être considéré comme un médium qui déclare la nécessité d'un inconscient collectif, déclenché par le caractère sacré de l'activité ludique, où le rêve (et nous revenons une fois de plus à Fellini et Jodorowsky) est un élément essentiel de l'humanité, dans lequel les puissantes forces de l'inconscient sont

---

64. R. Caccia, David Lynch, Editrice il Castoro, Milan, 2008, p.38

libérées du lest de la rationalité et émergent à la surface, tout comme les idées remontent à la surface après avoir été pêchées au plus profond de soi - dans l'océan de la conscience -, par la méditation.

Le surréalisme est centré sur la recherche du point de rencontre entre la réalité et le rêve, et cela émerge puissamment dans le cinéma de Lynch, comme dans celui de la seconde partie de la carrière de Fellini et comme nous le verrons plus loin dans celui de Jodorowsky.

On ne peut manquer de prêter attention, en remontant aux Secrets de Twin Peaks, à la référence symbolique que Lynch consacre au symbolisme religieux des Indiens d'Amérique, notamment des tribus indigènes d'Amérique du Nord, où le Heyoka, personnage qui se présente en parlant à l'envers, en chevauchant à l'envers et en s'habillant à l'envers, est toujours présent. Les Heyoka sont des clowns sacrés, qui poussent l'interlocuteur à utiliser au maximum ses facultés mentales pour comprendre le sens de leur message. Lynch présente cette figure dans la chambre rouge, en la redessinant avec la présence inquiétante du nain qui parle à l'envers, envoyant des messages de Cooper que l'enquêteur devra ensuite décoder grâce à ses facultés mentales et paranormales, aidé et renforcé par la méditation et le bouddhisme tibétain.

Le clown est pour Lynch un élément double entre le chaos et la connaissance, mais aussi "le costume de clown en caoutchouc étouffant", décrit dans le livre In Deep Waters, qui représente ce mélange de dépression et de colère, qui ne disparaît que lorsqu'on s'immerge.

Un autre symbole, dans le vaste panorama symbolique "lynchien", est souvent représenté par la femme, qui transcende la corporéité pour prendre une connotation alchimique (solve et coagula), où la femme, incarnant le sens alchimique de solve, opère d'abord comme le principe destructeur, qui met l'homme en croix, le forçant à son nigredo. Le nigredo est la phase dans laquelle la matière doit être recomposée, de sorte qu'elle retourne à son stade naissant ou primitif. Solve et coagula étaient les opérations que les alchimistes devaient effectuer, par liquéfaction, séparation ou calcination. Dans l'alchimie chrétienne, le nigredo est représenté par le sacrifice sur la croix du Christ: corps détruit et sang dispersé.

Le sexe, en revanche, dans des films comme Mullholland drive et Blue Velvet, revêt une signification rituelle et magique, dont la représentation dépasse la matière en entrant dans la sphère transcendante et plus précisément métaphysique, elle agit sur les plans de l'existence, les manipulant dans l'acte sexuel magique, comme dans la troisième saison de la série Twin Peaks.

La même obscurité, principal élément scénique de tant de plans de Lynch, prend une signification symbolique car elle devient un portail pour l'imagination du spectateur. Enfin, compte tenu de la passion philosophique orientale du réalisateur, le Yin et le Yang prennent également un corps symbolique dans la manifestation des doppelgangers: les doubles, qui représentent le côté sombre de certains personnages, comme celui de Cooper dans Twin Peaks. C'est précisément le thème des doubles, mais aussi des erreurs d'identité, qui est également présent dans Lost Roads et Mulholland drive et c'est toujours le côté maléfique qui prend le dessus sur le côté bienfaisant. Cela ne peut que nous ramener aux théories de Don Juan sur le mental de surface dominé et créé par les Voladores: des entités sombres se nourrissant du champ énergétique humain, et le mental profond piégé par l'action toxique de l'autre. Nous aborderons ce thème plus tard, dans le chapitre consacré à Jodorowsky.

LES SECRETS DE TWIN PEAKS

À la série Les Secrets de Twin Peaks, au moins deux générations de cinéastes et d'auteurs doivent beaucoup en termes d'inspiration pour la création d'autres séries. Le crédit doit être partagé par Mark Frost et David Lynch, les créateurs de la série diffusée sur la chaîne de télévision ABC d'avril 1990 à juin 1991. En Italie, le premier épisode a été diffusé par Canale 5 le 9 janvier 1991, précédé d'une campagne publicitaire considérable, qui a abouti au résultat incroyable d'une moyenne de dix millions de téléspectateurs par épisode. On peut dire que la série a été le précurseur de toutes les séries télévisées de qualité qui envahissent aujourd'hui le marché de la télévision. Elle a été tellement précurseur qu'elle a créé un vide de plus de dix ans, avant que nous puissions considérer une série télévisée comme un phénomène d'attention de masse: Lost, Fargo, True Detective, X-Files, Black mirror, pour n'en citer que quelques-unes.

La grande particularité de cette série, est l'inclusion des vastes connaissances allant de la psychanalyse à la théosophie, en passant par les philosophies orientales et la magie, que les deux auteurs (Frost-Lynch), ont ajouté -selon leurs propres inclinations-, pour finir par faire Les Secrets de Twin Peaks, la série télévisée la plus controversée et la plus connue de tous les temps, qui a vu le nom du réalisateur être mis sur le devant de la scène mondiale avec la première saison, pour être ensuite déclassé lors de la sortie de la deuxième saison, qui était de toute façon conditionnée par le début de la guerre du Golfe, qui a accaparé l'attention de tous pendant de longues semaines; ainsi que pour la dérive narrative de plus en plus axée sur le fantastique et le surnaturel, que Lynch a pu se permettre, en termes de liberté expressive, après l'incroyable succès public de la première saison, et qui a cependant déçu la majorité des téléspectateurs non préparés et peu intéressés par ce type d'influence du genre, ainsi que dépla-

cés par la révélation soudaine du nom du meurtrier de Laura Palmer, qui a mis une pierre dans la question tourmentée qui avait accompagné tout le monde depuis l'énorme machine publicitaire précédant la diffusion de la série: "qui a tué Laura Palmer?".

Il faut toutefois souligner que, malgré le risque d'annulation de la diffusion de certains épisodes de la deuxième saison, la réaction de protestation de la partie très fidèle du public - qui a été copieuse - a permis de voir les vingt-huit épisodes, qui ont été fusionnés deux par deux avec une date hebdomadaire fixe, mais avec un décalage horaire en fin de soirée.

En 1992, Lynch a réalisé Fire Walk with Me, son film le plus provocateur et le plus controversé, ce qui, à l'époque, semblait être un préquel inutile à Twin Peaks, mais qui, trois décennies plus tard, devrait également être considéré comme une suite à la troisième saison, diffusée sur SKY en 2017, également remplie d'éléments du roman intitulé: The Secret Diary of Laura Palmer, écrit par Jennifer Lynch; et certainement à considérer comme l'un de ses films les plus dérangeants et déstabilisants, dans certaines scènes psychologiquement insupportables, presque comme s'il voulait mettre le public mal à l'aise, l'entraînant aussi psycho-physiquement.

Le film a fait passer Lynch des étoiles aux oubliettes, du flop au box-office après la présentation désastreuse - en termes de public et de critiques - au 45e Festival de Cannes, l'a fait passer du statut de génie que l'on se dispute sur les couvertures des magazines du monde entier, à celui d'être soudainement qualifié (provisoirement) de bluffeur par cette fameuse section de "spectateurs normaux", peu habitués aux tactiques et aux expériences du cinéma de genre, et encore moins à celles présentées sur le petit écran.

En Italie, Fuoco cammina con me, a subi une stratégie de distribution très discutable: il a subi 5 minutes de coupures, le son a été modifié dans une scène déstabilisante, modifiant avec une arrogance inouïe les intentions du réalisateur en baissant la musique et en renforçant le son d'un dialogue que Lynch avait délibérément exprimé de manière sensorielle, comme s'il était presque imperceptible, au point de sous-titrer la scène (sous-titres supprimés dans la version italienne). Un choix de distribution qui a eu pour résultat injustifiable d'affaiblir la force expressive de la scène, de la normaliser et de l'empêcher de remplir sa fonction déstabilisante. D'autre part, certaines incohérences du doublage sont moins graves et malheureuses, comme les scènes entre l'entité maléfique Bob et le nain, qui sont laissées dans la langue originale alors qu'ils parlent par garmonbozia[65], mais, toujours dans le doublage, l'erreur de la traduction de "convenient shop", avec "housewares shop", dans le dialogue entre Mike et Cooper se distingue, une erreur qui devient encore plus évidente dans la troisième saison de la série Twin Peaks, lorsque le lieu est montré à la fois à l'intérieur et à l'extérieur, montrant clairement l'erreur d'adaptation et de traduction. En outre, la sortie a été retardée de plusieurs mois par rapport au lancement initialement prévu pour la fin de l'année 1992, et il y a également eu un remaniement du titre, auquel la marque "Twin

---

65. R. Caccia, David Lynch, Il Castoro Cinema, Milan 2008, p.76 "Garbmonbozia: un langage à peine compréhensible, techniquement réalisé en faisant réciter des mots à l'envers par des acteurs qui les montent ensuite dans le bon sens: le résultat est une éloquence bizarre, dans laquelle les mots restent reconnaissables tout en revêtant une aura d'étrangeté indéfinissable".

Peaks" avait été ajoutée avant le titre, comme une référence à la série télévisée, mais a ensuite été supprimée, laissant seulement la traduction italienne -Fuoco cammina con me-, du titre original; et enfin la décision de modifier la bande-annonce, en se concentrant principalement sur les images, entre autres, trés peu de nudité. Comme le souligne également le professeur Riccardo Caccia dans son livre sur Lynch: "il est évident que la distribution italienne est entrée en crise en raison de la difficulté à classer et à vendre essentiellement une œuvre qui ne semblait pas destinée à un type de public particulier. Un film à part entière, un météore, comme ce fut le cas quelques années plus tôt pour "Eraserhead".

Il était inévitable qu'au fil des ans, Twin Peaks, après être entré dans l'histoire de la télévision à part entière, en révolutionnant le langage sériel, devienne une source d'inspiration pour de nombreux scénaristes et réalisateurs, notamment en tant que résumé de l'interaction possible entre différents genres, et pour le passage de la reconnaissance tranquille du langage du soap opera, que le réalisateur a transformé dans ses profondeurs, à cette ombre, encore inconnue à l'époque.

Comme nous l'avons dit en parlant de Twin Peaks, il faut également accorder l'importance nécessaire à Mark Frost, auteur de romans[66] imprégnés de connaissances ésotérico théosophiques[67], qui travaille avec Lynch depuis 1986, et qui a certainement le mérite d'être à l'origine des insertions ésotériques et occultes dans la série.

Le personnage principal, celui sur lequel tournent tous les autres, est l'agent du FBI Dale Cooper, qui représente, selon Lynch, son alter ego.

Cooper a des manières étranges, il préfère des

---

66. Le premier roman de Mark Frost, Listen of seven (écrit en 1993), contient des éléments de théosophie mêlés à l'histoire et aux théories du complot. Fait intéressant, le protagoniste du roman porte le nom du célèbre créateur de Sherlock Holmes: Arthur Conan Doyle, qui interagit avec d'autres personnages portant le nom de personnes réelles, notamment: Bram Stoker, le créateur de Dracula, et Madame Blavatsky, la fondatrice de la société théosophique. Le roman a une suite publiée en 1995 et intitulée Les six messies.

67. H.P. Blavatsky, Isis Unveiled, Gruppo Editoriale Armenia S.p.A., 1990. H.P. Blavatsky est la fondatrice de la Société Théosophique, Théosophie: Sagesse Divine, née en Ukraine le 12 août 1831. Dans sa jeunesse, elle a entrepris plusieurs voyages en Europe, en Égypte, en Asie et en Amérique, et a également visité l'Italie à plusieurs reprises. Après s'être installée à New York, elle a commencé son travail en fondant la Société théosophique en 1875 et en publiant Isis Unveiled (Science et Théologie) deux ans plus tard. De fin 1879 à 1884, elle se trouve en Inde, où elle fonde la revue The Theosophist. De retour en Europe en 1885, elle s'installe à Londres et publie le monumental Secret Doctrine. Son existence terrestre s'est terminée dans la capitale britannique en 1891.

techniques d'investigation non occidentales, mais basées sur des philosophies orientales; sa méthode d'investigation est tibétaine. Surtout, l'agent se fie à son sixième sens et ne dédaigne absolument pas tout ce qui tourne autour du paranormal et du surnaturel, au point qu'il va se retrouver entre le plan réel, où son temps est partagé entre des digressions sur les beautés naturelles et culinaires du lieu, et le plan occulte: le plan dimensionnel dans la salle rouge de la Loge noire, où il rencontre des personnages grotesques et inquiétants, qui parlent en garmonbozia, ainsi que Laura Palmer elle-même, qui lui suggérera le nom du meurtrier à l'oreille. Dans ce lieu dimensionnel, le temps n'a pas de sens et nous verrons Laura et Cooper vieillir comme il se doit.

Comme dans le film Blue Velvet, mais sous une forme plus articulée, Lynch dépeint le conflit entre l'apparente tranquillité d'une petite ville paisible et la menace constante de quelque chose d'indéfinissable, de plus puissant et qui n'est pas de ce monde, vivant ou passant par des portails dans les bois entourant la ville fictive à la frontière canadienne, et qui représente l'élément principal de cette obscurité qui engloutit et espionne, où au début a lieu le meurtre de Laura Palmer, où plus tard le Major Briggs trouvera le portail de la Loge Blanche et où ensuite, dans le final, Cooper se retrouvera -comme un double-, catapulté de la chambre rouge de la Loge Noire.

Le critique, compositeur et réalisateur Michel Chion a divisé les personnages de Twin Peaks en trois macro-catégories[68]: les classiques, les personnages typiques de tout cop show, soap opera ou série de type Dallas: le shérif Truman ou le Dr Hayward, puis il y a les grotesques et les bizarres, comme la femme-ceppo ou Nadine Hurley (la femme à l'œil bandé) et enfin les personnages qui possèdent une aura mythique: le géant qui apparaît à Cooper dans le rêve, Bob (l'incarnation du mal - l'Archonte), le nain dansant, le Major Briggs et l'agent Cooper lui-même, qui pour Chion "part de la deuxième catégorie pour entrer dans la troisième".

Pendant le long tournage des épisodes de la série, Lynch a quitté le plateau pour filmer Cuore selvaggio (1990). Comme on le sait, Lynch n'a ré-

---

68. M. Chion, David Lynch, Lindau, 2006, p.129

alisé - outre le pilote - que quelques épisodes de la série, dont le premier et le dernier, laissant la réalisation à Frost et à d'autres collaborateurs de confiance, mais son empreinte était si forte qu'elle est restée indélébile, tout comme le sont, pour les spectateurs du monde entier, les inoubliables musiques d'Angelo Badalamenti.

Il est intéressant de noter comment les aspects occultes de Twin Peaks ont été écrits puis mis en scène par Lynch et Frost, désireux de souligner une véritable hiérarchie des pouvoirs, tant les sombres (comme Bob) que les messagers apparemment plus bienveillants (comme le géant).

C'est ce qu'indique clairement l'entité messagère elle-même, le géant, lorsque, dans un dialogue avec Cooper, pressé par les questions de l'agent fédéral, il est incapable de répondre, déclarant qu'il n'est pas autorisé à ajouter quoi que ce soit.

Le thème des hiérarchies de pouvoirs, -compris avant tout comme des entités métaphysiques parasites qui se nourrissent d'émotions négatives comme la peur-, nous conduira plus tard dans la perspicacité de Jodorowsky au sujet des

Voladores, mais dans Twin Peaks ce dialogue entre Mike (le manchot) et Cooper dans le sixième épisode de la deuxième saison[69] est emblématique:

C: "Et d'où vient ce Bob?"

M: "C'est quelque chose qui ne peut être révélé".

C: "Pouvez-vous nous dire ce qu'il veut?"

M: "Voici Bob, il aime s'amuser, et il a un tel sourire que personne ne peut y résister. Savez-vous ce qu'est un parasite? C'est un être qui exploite une autre forme de vie et s'en nourrit. Bob a besoin d'un hôte humain. Il se nourrit de la peur et parfois du plaisir. [...] Je suis semblable à Bob. Nous étions partenaires. Alors j'ai vu la face de Dieu et je suis devenu pur et j'ai enlevé mon bras [...].

Quant à Fellini et Jodorowsky, pour Lynch, les rêves et le monde onirique sont une partie essentielle de l'arrivée à la création artistique, résumée dans un entrelacement constant exprimé entre la réalité et la révélation de l'inconscient,

---

69. La scène en question dans la langue originale: https://www.youtube.com/watch?v=kIzimmrDtTg

dans la recherche finale d'une nouvelle rationalité, entre l'esprit et la matière, entre le rêve et la réalité, même là où elle semble totalement absente.

Pour David Lynch, les films s'étaient de plus en plus éloignés de la réalité et avaient pris une connotation plus féerique et onirique, dans laquelle on pouvait entrer quand on le souhaitait. En outre, il a déclaré que les films doivent obéir à des règles spécifiques, tout comme la peinture, et que ces règles abstraites sont visibles dans la nature. Parmi ces règles figure le contraste, c'est-à-dire que les films ne peuvent pas illustrer une réalité plate et toujours pleine de bonheur, sinon le public s'ennuierait. C'est pourquoi nous voyons des luttes, des conflits et des questions de vie ou de mort dans les films

CHAPITRE 3

ALEJANDRO JODOROWSKY, DE LA LECTURE DES CARTES DE TAROT À LA PSYCHOMAGIE

CASTANEDA ET DON JUAN

"Vous avez rencontré Carlos Castaneda. Quel souvenir gardez-vous de lui?"

"Il avait vu El topo et, alors que j'étais au Mexique à travailler à la préparation de Dune, il est venu me chercher. Il est arrivé cinq minutes en avance et avait l'air incroyable, il était marqué par la variole et ressemblait à un serveur, mais dès qu'il a commencé à parler, j'ai réalisé qu'il avait une intelligence très claire. Il voulait faire un film sur Don Juan avec Anthony Quinn, mais je lui ai dit que ce n'était pas une bonne idée[70]'. Alejandro Jodorowsky

Comme ce fut le cas pour Fellini, le film sur les enseignements de Don Juan racontés par Castaneda n'a jamais été réalisé par le réalisateur, écrivain et chaman éclectique Alejandro Jodorowsky. Dans les années 1970, après avoir réalisé le film El Topo, Jodorowsky s'était fait connaître dans les milieux de la magie et du chamanisme. Le film était devenu une référence dans le ci-

---

70. Interview de Jodorowsky, rapportée par le site Cinecittà News: https://news.cinecitta.com/IT/it-it/news/54/13376/alejandro-jodorowsky-non-e-il-mio-amarcord-ma-un-film-terapeutico.aspx

néma magique, ce qui l'a d'abord amené à rencontrer Pachita[71], qui l'a initié au langage des objets et au vocabulaire symbolique au point de pouvoir communiquer directement avec l'inconscient des gens, et plus tard, inévitablement, l'a amené à une compréhension plus profonde de la magie dans les cultures primitives, afin de puiser dans ces éléments universels qui pourraient ensuite être utilisés de manière consciente dans sa pratique psychomagique et dans le psychochamanisme, qui doivent être compris comme des actions symboliques, adressées directement à l'inconscient de la personne en traitement, qui ont la capacité d'activer une nouvelle conscience intérieure, en éliminant les habitudes et l'ancienne façon de faire face à la vie.

Ce processus de changement est essentiel pour activer la guérison. Après Pachita, c'est l'insaisissable Castaneda, fasciné par le film El topo -au point de le voir deux fois-, qui a profité de la première occasion (synchronique?) d'approcher

---

71. La Pachita est une guérisseuse mexicaine qui utilise des méthodes non scientifiques et non conventionnelles pour soigner et guérir ses patients. Dans ce lien, Jodorowsky raconte sa rencontre avec le guérisseur et sa façon de travailler. https://www.youtube.com/watch?v=hTq-V10kwH0

Jodorowsky, qui le raconte dans son livre Psychomagia, se remémorant les souvenirs d'un savoureux repas qu'il avait pris dans un restaurant mexicain en compagnie d'un ami. Dans le même restaurant, assis à une autre table, il y a un homme et une femme, la femme est reconnue par l'ami du réalisateur, c'est une amie à lui et assis avec elle se trouve Castaneda lui-même, qui, reconnaissant Jodorowsky à son tour, demande à la femme qui l'accompagne d'aller à la table du réalisateur pour lui demander s'il souhaite le rencontrer. Les deux hommes, après d'interminables plaisanteries et attestations d'estime mutuelle, finissent par se rencontrer dans l'hôtel où séjourne Jodorowsky.

Castaneda, après avoir satisfait la curiosité du réalisateur en racontant quelques-unes de ses expériences extraordinaires avec Don Juan et quelques faits inédits et amusants, lui a demandé de faire un film ensemble, soulignant qu'il avait déjà refusé plusieurs propositions d'Hollywood, parce qu'il ne supportait pas l'idée que Don Juan soit joué par Anthony Queen. Contrairement à Fellini, qui dans ce contexte s'était retrouvé à accompagner sa curiosité sans limite dans un tourbillon émotionnel entre fascina-

tion et effroi, pour le réalisateur chilien, qui avait vécu dix-sept ans au Mexique, Castaneda était son égal, un personnage certes extraordinaire, mais peut-être aussi fou et menteur pour de bon: "donc, vérité ou mensonge, peu importe, s'il y a tricherie, c'est une tricherie sacrée"; mais il est indéniable, précisément pour Jodorowsky, l'importance de Castaneda pour avoir relancé le concept de guerrier spirituel et avoir réactualisé (et non inventé), les travaux sur le rêve lucide[72].

Soudain, et peut-être toujours de manière synchrone, les choses prennent une tournure inattendue -comme elles l'auraient fait dans l'aventure de Fellini au Mexique-: Castaneda et Jodorowsky, tout en parlant de l'idée de faire le film, commencent à se sentir mal (est-ce la faute de la nourriture ou de l'esprit de Don Juan, des "prêtres mexicains" ou des mystérieux per-

---

72. A. Jodorowsky, Psychomagia, Universale Economica Feltrinelli, Milan, 2020. Pour Jodorowsky, l'accès au rêve lucide, dans lequel on est conscient du fait que l'on rêve, détermine la conscience qui donne au rêveur la possibilité de travailler sur le contenu du rêve. Cette méthode, pour beaucoup préconçue par Castaneda dans des ouvrages tels que L'art du rêve, n'est en fait pas une épiphanie de l'anthropologue mexicain et élève de Don Juan (celui qui sera finalement le véritable initiateur de la technique), mais a en fait été anticipée en 1867 par Hervey de Saint-Denis, dans un texte consacré au rêve lucide, intitulé: Les reves et les moyens de les diriger; ne laissant donc à Castaneda que le mérite d'avoir popularisé la technique.

sonnages qui rendront plus tard visite à Fellini?) Castaneda a été frappé par de fortes et soudaines douleurs au ventre, qui lui ont causé une crise de diarrhée, Jodorowsky, quant à lui, a ressenti des douleurs aiguës au foie et à la jambe droite. La douleur a fait qu'ils ne pouvaient plus aborder le sujet du projet de film à réaliser ensemble. Jodorowsky emmena Castaneda en taxi à son hôtel et alla se faire soigner par le guérisseur Pachita, après quoi il dut rester au lit pendant trois jours. Il a conseillé à Castaneda de lui rendre visite également, mais ce dernier, comme il en avait l'habitude, lorsque le directeur l'appelait au téléphone à l'hôtel pour demander des nouvelles, était déjà parti sans laisser de mot: "Je ne l'ai jamais revu, la vie nous a séparés. Un guerrier ne laisse aucune trace".

Pour introduire le thème des Voladores, connu par Castaneda à travers les enseignements de Don Juan, il faut d'abord souligner comment le thème du double est central et sans équivoque pour Fellini, Lynch et Jodorowsky, qui en plus de s'y intéresser de manière spéculative, l'ont abordé artistiquement et intellectuellement dans leurs œuvres ou déclarations, comme celui de Jodorowsky, qui résume, à travers un postulat que même Castaneda approuverait en partie, le thème du double, c'est-à-dire l'identification à un personnage qui n'est rien d'autre que la caricature de notre identité profonde, notre conception de soi, c'est-à-dire l'idée que nous nous faisons de nous-mêmes: "Si notre ego -peu importe le nom que nous donnons à ce facteur d'aliénation- n'est rien de plus qu'une pâle copie, une approximation de notre être essentiel. Nous nous identifions à ce double à la fois dérisoire et illusoire. Et soudain, "l'original" apparaît. Le maître des lieux revient prendre la place qui lui revient. À ce moment-là, le moi limité se sent persécuté, en danger de mort, ce qui est absolument vrai.

Parce que l'original finira par annihiler le double. En tant qu'êtres humains identifiés à notre double, nous devons comprendre que l'envahisseur n'est autre que nous-mêmes, notre nature profonde. Rien ne nous appartient, tout appartient à l'Original. Notre seule chance est que l'autre apparaisse et nous élimine. Nous ne souffrirons pas de ce crime, mais nous y participerons. C'est un sacrifice sacré dans lequel nous nous abandonnons entièrement au maître, sans

angoisse...[73]" Voici, par contre, ce que Castaneda nous rapporte au sujet du double, lors de son apprentissage avec don Juan sur les états de réalité non-ordinaire[74], qui représentait le corollaire indispensable de toutes les informations et la consolidation de tous les enseignements: " Le dernier événement que j'ai noté dans mes notes, qui est aussi le dernier enseignement de don Juan, date de septembre 1965.

Je l'ai appelé "état spécial de réalité non ordinaire" parce que ce n'était pas le résultat de l'une des plantes que j'avais utilisées jusqu'alors. Don Juan a réussi à l'induire en manipulant soigneusement les suggestions le concernant. En d'autres termes, il s'est comporté de manière si habile qu'il a créé en moi l'impression claire et persistante qu'il n'était pas vraiment lui-même, mais quelqu'un qui se faisait passer pour lui. Le résultat a été un grand conflit intérieur: d'un côté je voulais croire que c'était don Juan, mais de

---

73. A. Jodorowsky, Psychomagia, Universale Economica Feltrinelli, Milan, 2020. PP. 66-67

74. Don Juan, pendant quelques années et avec de longues pauses, a soumis Castaneda à l'utilisation et à la domination de la mescalite, de la racine de datura, du peyotl et de l'herbe du diable, pour l'instiller dans des états de réalité non-ordinaire.

l'autre je n'en étais pas certain. Cela m'a causé une terreur consciente, si intense que ma santé en a souffert pendant plusieurs semaines. Après cette expérience, j'ai pensé que la chose la plus sage à faire était de mettre fin à mon apprentissage. Je n'y ai plus participé depuis, mais don Juan n'a pas cessé de me considérer comme un apprenti [...][75]".

C'est pour conclure cette analyse sur le thème du double que nous entrons dans la fascinante théorie des chamans toltèques sur les Voladores: "Les chamans de l'ancien Mexique ont découvert que nous avons un compagnon qui nous accompagne tout au long de notre vie, un prédateur qui surgit des profondeurs du cosmos et prend le contrôle de notre vie[76]". Don Juan Matus. Le thème des Voladores aurait probablement été au centre d'une partie intéressante du film jamais réalisé sur les expériences de Castaneda, par Fellini et Jodorowsky. En 1993, Castaneda donne une conférence à Santa Monica, en Californie, c'est sa première apparition publique.

---

75. C. Castaneda, Les enseignements de don Juan, BUR (Rizzoli), 2010. PP. 231-232
76. C. Castaneda, Le côté actif de l'infini, BUR, 1998

Dans sa conférence, il a raconté comment les anciens sorciers ont remarqué, en observant le champ énergétique des enfants, qu'en grandissant, la patine énergétique dégageant une lueur extraordinaire diminuait considérablement. Cette enveloppe énergétique lumineuse, selon les sorciers, est liée à la conscience de l'individu, mais celle-ci, contrairement au corps, ne s'est pas développée naturellement.

En enquêtant, ils ont remarqué la présence inquiétante de parasites, des entités sombres se nourrissant du champ énergétique humain et difficiles à détecter à l'œil du profane. Il s'agissait d'êtres inorganiques, hautement évolués et conscients qui se nourrissaient voracement de cette énergie, la réduisant au minimum, à la hauteur de nos orteils, comme une pelouse constamment tondue. Pour don Juan, comme pour les chamans de l'ancien Mexique, celle de los Voladores était la question suprême. Le nom de Voladores leur a été donné en raison de leur capacité à se déplacer, une sorte de vol, ou de saut, visible uniquement dans l'obscurité, du coin de l'œil. Ces prédateurs extraterrestres dimensionnels ont la haute main sur l'humanité, qui n'est rien d'autre que leur nourriture.

On peut dire que les Voladores sont à l'homme ce que l'homme est aux animaux de ferme. Le dommage énergétique infligé à l'homme est si important qu'il le maintient dans une condition d'esclavage perpétuel, empêché de réaliser le développement de ses plus hautes capacités, qui pour les chamans sont considérées comme magiques et infinies.

Cette condition d'esclavage est provoquée par l'inconscience due à l'absence d'énergie, ce qui oblige l'humanité à se refléter dans un bassin d'eau de conscience qui reflète une fausse personnalité de manière limitée et fallacieuse. Ce réservoir de conscience est le point focal de l'égocentrisme qui a piégé l'homme dans l'ignorance. De toute l'énergie qu'ils ont enlevée, la seule énergie qu'ils ont laissée à l'humanité est celle qui tourne autour de l'Ego et en utilisant l'égocentrisme (un élément qui contribue à l'illusion de la séparation) ils créent des flammes de conscience qu'ils consomment ensuite insatiablement. Les Voladores alimentent les émotions négatives en nous poussant à l'agressivité, à la lâcheté, à la violence, aux excès, à l'autosatisfaction, à l'apitoiement, à tout ce qui génère la disharmonie; et ils empêchent tout ce qui, au contraire, permettrait la croissance évolutive de l'homme. Les Voladores qui nous maintiennent dans cet état, nous dit don Juan, sont responsables de nos systèmes de croyances, de nos habitudes, et définissent nos peurs, sans jamais oublier de nourrir notre Ego[77].

Dialogues tirés du livre de Carlos Castaneda, The Active Side of Infinity: Castaneda: "Mais si les chamans de l'ancien Mexique voient les prédateurs, pourquoi ne font-ils rien?" Don Juan: "Il n'y a rien que vous et moi puissions faire, si ce n'est exercer une autodiscipline au point de nous rendre inaccessibles. Mais pensez-vous pouvoir convaincre vos semblables d'affronter de telles rigueurs? Ils rieraient et se moqueraient de vous, et les plus agressifs vous battraient à mort. Pas parce qu'ils ne vous croient pas. Au fond de chaque être humain, il y a une conscience ancestrale et viscérale de l'existence des prédateurs."

Castaneda "Mais comment font-ils, don Juan? Est-ce qu'ils murmurent ces choses à nos oreilles pendant que nous dormons?"

---

77. Pour de plus amples informations, veuillez consulter: https://www.carloscastaneda.it

Don Juan: "Bien sûr que non. Ce serait idiot! Ils sont infiniment plus efficaces et organisés. Pour nous garder obéissants, faibles et apprivoisés, les prédateurs se sont livrés à une opération stupéfiante, bien sûr du point de vue du stratège. Horrible du point de vue de la personne qui en souffre. Ils nous ont donné leur esprit. [...]".

Ce sujet nous amène à réfléchir sur les peurs ancestrales des enfants, qui, contrairement aux adultes, possèdent encore un univers perceptif élevé et sensible, dû à ce champ énergétique extraordinairement vital, qui pourrait permettre, sur la base de l'acceptation de cette conception, la même vision élargie de la réalité décrite par les anciens sorciers mexicains; mais aussi à la considération de la différence entre l'esprit de surface, et l'esprit profond. Le premier, conditionné et sans cesse bruyant, nous possède au-delà de nous-mêmes, au-delà de notre volonté; le second, par contre, silencieux ou sotto voce et presque toujours inaudible (agissant dans les rêves), sait déjà, et se présente comme intuition. Donc si ce que nous pensons être, nous ne le sommes pas en réalité, alors qui sommes-nous? La réponse se trouve peut-être dans le silence et la méditation, dans

cette pratique quotidienne de la vie, que Lynch nous conseille de faire.

Pour comprendre Jodorowsky, il faut entrer dans cette tradition magique et rituelle sud-américaine, qui a accompagné son enfance entre le Chili et le Mexique, avant de partir en Europe en 53, à vingt-quatre ans, sans un sou en poche, et où il a commencé à étudier la pantomime avec Etienne Decroux, et j'ouvre une parenthèse pour montrer un point d'union synchronique entre Jodorowsky et Lynch: la plus importante leçon apprise par Jodorowsky sous l'enseignement de Decroux, il l'a comprise, comme son maître l'avait prévu, une décennie plus tard, et le réalisateur résume cet enseignement en une phrase qui ne peut que rappeler celle citée par Lynch sur la façon de trouver des idées en s'immergeant dans l'océan de la méditation: "J'ai dû chercher et trouver mes valeurs, tout comme le pêcheur plonge dans l'océan sombre et émerge avec une perle dans sa main. J'ai appris qu'il ne peut y avoir de créativité efficace si elle n'est pas accompagnée d'une bonne technique. Et que la technique, sans l'art, détruit la vie[78]'.

---

78. A. Jodorowsky, La danse de la réalité, Universale economica Feltrinelli, 2011, p.153.

Avant même Lynch, en 1975, immédiatement après le succès du film La Montagne sacrée, il était censé tourner le film Dune, inspiré du roman éponyme de Frank Herbert, dans une opération colossale qui aurait impliqué les plus grands artistes de l'époque, d'Orson Welles à Salvador Dalí, en passant par Mick Jagger et Pink Floyd, mais rien n'en est sorti, au grand regret de Jodorowsky qui, sans aucun doute, grâce au matériel visuel créé dans le splendide storyboard conçu par l'encore inconnu: Jean Giroud, Chris Foss et HR Giger, ont inspiré la créativité de films comme Alien et Star Wars. Le cinéaste Frank Pavich a réalisé un documentaire très intéressant à ce sujet en 2013, intitulé Jodorowsky's Dune. Le film a été réalisé par Lynch en 1984 et certains décors ont été réalisés par Giger, mais il a été un échec au box-office et reste avant tout un film que Lynch n'aurait pas voulu réaliser, dont il n'a jamais été fier (s'il avait connu Rol, l'illuminé de Turin lui aurait probablement déconseillé de se lancer dans l'aventure) et dont il n'a même pas obtenu l'autorisation pour une version finale coupée. La réédition du film Dune en 2020 a été confiée au réalisateur Denis Villenevue.

Après avoir étudié la pantomime pendant quelques mois, Jodorowsky réintègre humblement le milieu théâtral auprès de l'acteur et mime Marcel Marceau (1923-2007), pour lequel il entreprend des rôles insignifiants en tant qu'acteur et à qui il confie l'écriture de plusieurs pantomimes inédites, qui donnent un nouvel élan à l'artiste français. Après cette période de formation et le début de l'expérimentation avec les Paniques éphémères provocatrices, qui ont perturbé le concept traditionnel du théâtre en bouleversant le public et qui ont amené l'artiste à prendre conscience que le théâtre était une force magique, définissant ce qui allait devenir la cosmogonie artistique chamanique de son expression créative variée, ce qui l'a amené à publier le livre en 2004, non sans critiques: The Way of the Tarot[79], cosigné avec Marianne Costa; où il a également révolutionné les cartes à sa manière, en les redessinant selon ce qui est pour lui la valeur ésotérique correcte, qui doit être clairement exprimée à travers elles, communiquant symboliquement à leur lecteur: le voyant.

---

79. A. Jodorowsky, Marianne Costa, La via dei Tarocchi, Universale Economica Feltrinelli, 2005

Pour Jodorowsky, la méthodologie de lecture repose sur ce qu'il appelle un appel psycho-généalogique, qui offre un outil efficace pour analyser l'inconscient. La principale révolution qu'il propose réside dans la méthode de lecture des Arcanes majeurs, qui suivent les priorités de l'inconscient du consultant. Les cartes deviennent un instrument de réponse et de solution et sont divisées à travers deux chemins de lecture: "le monde" et "le héros". Dans le premier type de lecture, la connaissance de l'état du chercheur émerge à travers ses principaux centres, à savoir l'intellect, le cœur, le sexe et le corps. Dans le second, en revanche, on entre dans le concret par une question précise posée aux cartes. Une question liée à l'objectif que l'on veut atteindre, puis choisir une autre carte qui représente l'objectif lui-même et ensuite comprendre les obstacles et les solutions possibles.

D'autre part, pour certains experts en la matière, son travail semble être coupable d'une réelle méconnaissance du sujet, se limitant à une méconnaissance générale, compte tenu également du fait qu'aujourd'hui, la connaissance historique du Tarot est tellement plus large que par le passé qu'il n'y a plus de doute quant à

son origine, encadrée dans la première moitié du XVe siècle, entre Milan et Ferrare, dans le but d'un usage d'abord commémoratif et ensuite récréatif et éducatif[80].

LA DANSE DE LA RÉALITÉ

La Danse du réel est avant tout un film, un livre autobiographique, l'œuvre littéraire la plus complète de Jodorowsky, qui livre au public les détails, les événements et les considérations d'une vie surprenante et résolument hors du commun. Tout part de son enfance compliquée et douloureuse à Tocopilla, au Chili, où il est né en 1929 de parents juifs-ukrainiens qui s'étaient installés en Amérique du Sud, pour s'étendre ensuite à toute l'expérience de l'artiste entre l'Amérique du Sud et l'Europe, et à l'analyse de ses recherches et expériences artistiques, du surréalisme aux tarots, de la magie des chamans mexicains, héritiers des anciens sorciers, à la psychomagie. Tout cela en passant par une curiosité indomptable entre les cultures et les connaissances, entre les traditions populaires et la magie, dans le but de

---

80. A affiché une critique du livre de Jodorowsky et des théories sur le Tarot: http://libroagrifoglio.blogspot.com/2017/10/i-tarocchi-di-jodorowsky-tra.html

donner à l'art cette tâche transcendantale qui, s'unissant à l'imagination, pourrait en faire un élément de nature divine, capable de guérir.

Un remède pour cette âme, privée de la mémoire de son éternité, et affligée par la condition du temps dans les chaînes de la matière et de la condition humaine. Un voyage haut en couleurs à la recherche de la liberté totale, tant celle de la condition extérieure profane que celle, ésotérique, de l'univers intérieur. Le film, contrairement au livre, se concentre sur son enfance, jusqu'à son abandon de Tocopilla, la petite ville du nord du Chili, où une montagne aride et rocheuse, grise comme les nuages d'orage, attend depuis des siècles que la pluie la rafraîchisse. Dans le récit de ses années d'innocence, Jodorowsky combine et relit des événements réels et des inventions qui ont une lointaine fonction psychomagique, réalisant ainsi les rêves secrets de ses parents: sa mère voulait être chanteuse et c'est pourquoi, dans le film, elle parle en chantant, son père rêvait de tuer Ibánez, mais ne l'a jamais fait et toute une partie du film est donc consacrée à la réalisation de ce projet d'exécution du dictateur chilien.

C'est un film qui permet de comprendre toute la filmographie du réalisateur, qui montre sa conception de l'art thérapeutique et qui est également imprégné de l'imagerie de Fellini, dont Jodorowsky, à certains égards, est artistiquement un fils adoptif, Fellini étant le réalisateur qui l'a le plus influencé, comme il le révèle lui-même dans un entretien avec Cristiana Paternó à propos de sa rencontre unique avec le réalisateur romagnol: "En 1990, j'étais à Rome pour "Santa Segre" et quelqu'un m'a demandé quel était le réalisateur qui m'avait le plus influencé…". J'ai répondu à Fellini. Je pense qu'il l'avait lu et aimé et il m'a donc invité sur le plateau de La voce della Luna. C'était dans un champ, la nuit, il y avait beaucoup de nuages. Je l'ai vu de loin, il était grand, plus grand que moi. Il m'a dit "Jodorowsky" et j'ai répondu "Papa", puis une pluie terrible s'est mise à tomber, nous nous sommes enfuis et je ne l'ai jamais revu. Mais je pense que ce dialogue dit tout[81]'.

La danse de la réalité est un film qui façonne le

---

81. Entretien avec Jodorowsky par Cristiana Paternò https://news.cinecitta.com/it/it-it/news/54/13376/alejandro-jodorowsky-non-e-il-mio-amarcord-ma-un-film-terapeutico.aspx

passé, c'est l'acte magique du cinéma onirique de Jodorowsky, ce passé qui devient mutable et qui, en mutant, peut être compris et ensuite guéri. Le Jodorowsky adulte apparaît dans les moments les plus difficiles de sa propre enfance, pour donner des conseils au-delà du temps et de l'espace à l'enfant Jodorowsky, qui surmonte les obstacles et les initiations de temps à autre, dans ce contexte social extrême, entre la dureté du lieu et la dictature ambiante, entre la pauvreté qui atteint pour beaucoup une condition de misère, la mutilation et la déformation physique, entre la maladie et la spiritualité, dans le cirque de la vie, reproposé dans une version freak et imprégné de magie, comme lorsque la mère chanteuse, se rend invisible ainsi que son fils après avoir retiré de l'esprit de l'enfant Jodorowsky, un traumatisme qu'il vient de subir.

À un certain moment du film, le réalisateur impose un changement de protagoniste afin d'affronter les fantômes de son père et ceux liés à sa relation avec son père, qui passe de sa dureté initiale à - pour démontrer sa cohérence - un père maître à un exemple vivant de courage, jusqu'à vouloir se sacrifier et sacrifier sa famille pour la rédemption et la vengeance d'un peuple qui l'a à moitié accueilli, le regardant, lui et sa famille, non pas comme des Chiliens, mais comme des immigrés, et juifs de surcroît. Son père affrontera un véritable parcours initiatique, il échouera en partie, au moment où le courage, dont il était fier et éducateur convaincu, lui fera soudain défaut, anticipé d'ailleurs par un rêve révélateur de son inconscient; il sera paralysé des mains, il perdra la mémoire et, comme dans toute initiation, il devra mourir pour renaître. À sa mère, en revanche, Jodorowsky impose par le biais de son père l'abandon d'une idée illusoire, celle de la réincarnation, qui lui faisait appeler son fils père, persuadée qu'il était la réincarnation de son père, un danseur russe qui, mourant prématurément, l'avait abandonnée lorsqu'elle était enfant.

A elle, en tant qu'élément féminin et lunaire, elle laisse non seulement l'aspect magique mais aussi celui de la guérison, comme lorsqu'avec son urine elle désinfecte et fait disparaître la maladie contractée par son mari, qui était allé apporter de l'eau aux pauvres ghettos infectés et isolés par la police militaire pour montrer son courage. Elle est donc l'incarnation de la pratique que Jodorowsky donnera au monde sous le nom de psychomagie.

PSYCHOMAGIE

Avec son dernier film, Jodorowsky a voulu montrer au grand public le pouvoir thérapeutique de l'imagination. Comme pour La danse de la réalité, Psychomagia a également été précédé d'un livre. N'ayant pas ouvert, comme Lynch, une fondation dédiée à la méditation transcendantale, le réalisateur chilien, naturalisé français, a préféré divulguer sa technique à travers un témoignage cinématographique qui résume tout son parcours créatif-thérapeutique montré depuis des années avec Panic Theatre, où le terme panique est en référence au dieu grec Pan et non à la panique comme réaction à la terreur, et relaté dans plusieurs livres-entretiens. Avec Jodorowsky, tout est éblouissant, et suspendu à un équilibre délicat entre la création de la provocation et l'excès de provocation. Pour introduire la psychomagie, Jodorowsky nous raconte les origines de ses expériences créatives, en commençant par l'acte poétique, rappelant ce Chili des années 50 où la poésie était le patrimoine de tous, une sorte de nécessité collective.

Vivre en poète signifie vivre sans peur, avec audace et excès, dit Jodorowsky dans son livre,

mais surtout que la poésie est action et impose des actes, même et surtout excessifs, hors de la normalité. Les actes poétiques qu'il a accomplis dans sa jeunesse étaient en opposition avec le monde rigide de ses parents, ils étaient pleins d'imprévisibilité, tout comme la vie. L'acte poétique, souligne Jodorowsky, doit être beau, esthétique et exprimer aussi une certaine violence, car il est un rappel de la réalité et en lui, on doit aussi pouvoir faire face à sa propre mort. De même, si l'acte poétique permet la manifestation de cette sphère d'énergies refoulées chez les personnes, il ne doit jamais aboutir à une dégénérescence vandale, car dans l'art il y a beauté, création, et non une fin en soi et une libération d'énergie destructrice.

L'acte est une action, pas un vandalisme.

L'acte poétique doit toujours être positif, il cherche à construire et non à détruire.

Il y a ensuite l'acte théâtral qui, pour Jodorowsky, est la conséquence de son amour de l'action. Le théâtre de Jodorowsky est toujours en conflit avec le théâtre réaliste, qui a le grave défaut d'ignorer la dimension inconsciente, magique et onirique de la réalité.

"Ne retenir que l'apparence immédiate de la réalité, c'est la trahir et succomber à l'illusion, même si on la déguise en "réalisme"". "Bientôt, la scène elle-même m'est apparue comme une limitation. Je voulais extrapoler le théâtre à partir du théâtre". Tout cela au point de penser que le théâtre pouvait aussi se passer de spectateurs, que le personnage était une limite pour l'acteur, qui devait plutôt se concentrer sur l'interprétation de son propre mystère intérieur. Pour Jodorowsky, le théâtre a une fonction de recherche qui évoque le nosce te ipsum (connais-toi toi-même), inscrit à l'entrée du temple maçonnique. Les limites de la représentation ne sont pas seulement liées à l'auteur qui impose un personnage, mais à l'espace lui-même, ce qui fait donc de l'architecte le premier obstacle au travail de l'acteur (je me demande à combien de limites Jodorowsky aurait pensé en lisant le livre bien connu, The Scenic Space, de A. Nicoll, qui retrace les nombreuses évolutions qu'ont connues la scénographie et le décor de théâtre). Le but de l'éphémère est que l'acteur, devenu un homme paniqué, réussisse à exprimer et à interpréter la personne qu'il est à ce moment-là.

"L'homme panique ne se cache pas derrière ses

personnages, mais essaie de trouver sa propre voie d'expression réelle. Au lieu d'être un exhibitionniste menteur, il est un poète en état de transe".

L'<u>acte onirique, qui, comme</u> nous l'avons vu en parlant précédemment de Castaneda, est l'évolution de l'ancienne interprétation des rêves, qui, comme l'indiquait Jung, ne consistait plus à attribuer un sens symbolique concret à une image plutôt qu'à une autre, mais à dépasser cette phase, en cessant d'expliquer le rêve, mais grâce à l'analyse de continuer à le vivre à l'état de veille afin de comprendre où il veut nous diriger. Avec Castaneda et auparavant avec Hervey de Saint-Denis, nous comprenons comment nous pouvons travailler dans le contenu du rêve lucide, conscients du fait que nous rêvons. Jodorowsky nous raconte dans son livre que dans ce mystérieux Mexique composé de sorciers et de chamans, il apprend à dominer partiellement l'acte onirique et commence à connaître et à faire l'expérience directe de l'<u>acte magique</u>.

C'est ainsi que Jodorowsky, dans son livre Psychomagia, exprime le tissu magique de cette terre, qui n'est un substrat secondaire que pour les étrangers, mais pas pour les autochtones: "J'ai été témoin de certains faits curieux. Pendant un spectacle, par exemple, je me suis moqué d'une femme très influente que tout le monde appelait la Tigresa (la tigresse) [...]. Mes interprètes ne voulaient pas monter sur scène, ils étaient convaincus que Tigresa avait jeté une malédiction sur le théâtre. J'ai donc appelé un apprenti sorcier pour annuler la malédiction: j'avoue avoir ri quand je l'ai vu arroser tout le théâtre avec de l'eau bénite. Mais plus tard, autour d'une tasse de café, l'homme a commencé à se plaindre car un immense furoncle était en train de naître dans son anus. Cette éruption soudaine a pris de telles proportions qu'il a été envoyé à l'hôpital. Lui-même n'avait aucun doute: son corps avait absorbé la malédiction lancée sur le théâtre. [Un jour, le directeur d'une école des beaux-arts avec laquelle je venais de signer un contrat m'a dit: "Vous êtes naïf. Vous êtes amoureux du Mexique, tout vous semble merveilleux.

Mais si vous avez le courage de regarder dans ce tiroir, vous découvrirez un autre aspect du pays". Je me suis approché du tiroir et l'ai ouvert: immédiatement, j'ai été assailli par un atroce mal de tête. D'horribles statuettes de cire utilisées par les sorcières pour torturer à distance les victimes prévues de leurs clients. Ces statues étaient si effrayantes que le simple fait de les voir me mettait mal à l'aise. S'ils étaient exposés au Centre Pompidou ou au Louvre, le public découvrirait le pouvoir bénéfique ou maléfique d'une œuvre d'art. Un objet ainsi chargé d'énergie attaque directement l'organisme de l'observateur. Si l'expérience en soi était désagréable, elle a eu le mérite de me faire réfléchir. Je me suis demandé où était l'artiste bienfaisant, le bon magicien, capable de créer des œuvres d'art dotées de forces positives telles qu'elles induisent l'observateur en extase. C'est un principe que j'ai utilisé plus tard dans l'art psychomagique".

C'est à partir de cette réflexion que Jodorowsky comprend combien il est nécessaire en magie psychomagique d'apprendre à parler le langage de l'inconscient pour pouvoir lui envoyer des messages de manière consciente. C'est en constatant la puissance de la magie noire que le réalisateur commence à chercher la même puissance dans la magie blanche, et c'est là que se produit la rencontre fondamentale, évoquée précédemment, avec la vieille guérisseuse Pa-

chita. Cela mène à l'<u>acte psychomagique proprement dit</u>, qui consolide toutes ses expériences et ses réflexions, se mettant en évidence dans la période de la lecture du Tarot à Paris. Rappelons que Jodorowsky ne prédit pas l'avenir, mais se concentre sur le présent et sur la connaissance du consultant, afin de le rapprocher de son moi. C'est au cours des nombreuses consultations qu'il a tenues dans l'arrière-boutique d'un magasin appartenant à des amis qu'il a eu l'occasion de mener des réflexions importantes sur la responsabilité des problèmes, qu'il fallait identifier dans l'arbre généalogique des consultants. Pour Jodorowsky, nous sommes tous contaminés par l'univers psycho-mental de nos ancêtres.

Naître dans une famille signifie donc être possédé sur le plan psychique et mental et cette possession se transmet de génération en génération. Chacun d'entre eux, après avoir été ensorcelé, devient un sorcier et infligera le même conditionnement à ses propres enfants. Cela continuera indéfiniment à moins que l'on prenne conscience de la situation et que l'on brise ce cercle vicieux. La prise de conscience, cependant, sans action concrète n'apporte aucun bénéfice. C'est pourquoi Jodorowsky a décidé de transmettre des actions d'ordre pratique à ses consultants. Il s'agissait d'actions précises qui, une fois réalisées, libéraient la personne, qui n'avait alors plus besoin de consulter le directeur comme s'il s'agissait d'un guide spirituel à suivre tout au long de la vie. C'est ainsi qu'est né l'acte psychomagique[82], qui résume toutes les expériences de Jodorowsky.

Comme Rol, Jodorowsky a toujours voulu dispenser ses conseils et ses services psychomagiques gratuitement, sans demander d'argent. Il lui suffisait de recevoir une lettre détaillée de son patient-consultant, dans laquelle il racontait dans les moindres détails tout ce qui s'était passé au cours de la procédure thérapeutique indiquée par lui - comme une sorte d'ordonnance -, souvent à réaliser sur plusieurs jours, ce qui représentait ésotériquement le prix à payer pour son travail. Avec son film, Jodorowsky, en racontant de manière documentaire le pouvoir bouleversant de la pratique psychomagique, réussit par l'image à aller au-delà du contenu de

---

82. En plus du livre déjà mentionné dans les notes: Psychomagia, veuillez vous référer au volume de A. Jodorowsky, Manuale pratico di psicomagia, Universale Economica Feltrinelli, 2019, pour des exemples pratiques de cette technique.

ce qui est raconté dans ses livres, et à montrer comment il est possible (pour ceux qui veulent bien essayer et croire), de se libérer des chaînes qui conditionnent le subconscient, à travers tous les traumatismes précédemment imposés par la famille, la société et la vie; traumatismes et blocages qui empêchent chacun de nous de trouver et de libérer le véritable Ego.

CONCLUSIONS

Le cinéma de Fellini, Lynch et Jodorowsky, sans vouloir l'imprégner d'éléments hétéroclites, est un cinéma enclin à la gnose par sa tendance ésotérique sans équivoque, parce qu'il exprime un processus créatif, et plus exactement d'intelligence créative -non sans ordre symbolique-, qui a pour objectif l'acquisition, à travers sa propre expression, d'une connaissance qui va au-delà du processus narratif, se définissant comme l'acte conclusif d'une quête intérieure, qui génère ses découvertes et ses angoisses, les synthétisant et les exposant dans l'œuvre cinématographique.

Le résultat final est l'acte magique-créatif, le résultat de leur expérience transcendantale personnelle et de leur recherche en eux-mêmes et dans le monde.

Les trois cinéastes sont, à des titres divers, des alchimistes, des magiciens, des sorciers, des spiritualistes, devenus maîtres du cinéma, qui, à des époques différentes, tels des Paracelse modernes, ont poussé le rôle de l'imagination au-delà des limites de la simple rationalité, en en faisant l'intermédiaire entre la pensée et l'être, mais plus encore en faisant de l'imagination, l'incarnation de la pensée dans l'image.

Ils expriment une sorte de sainte trinité entre l'âme, la foi et l'imagination, que Paracelse comprenait comme les trois grandes facultés que possède l'homme.

Chacun d'entre eux selon ses propres inclinations, sa culture, son sentiment spirituel et religieux.

Les trois maîtres, malgré leurs différences et leurs inspirations réciproques -que l'on peut identifier dans l'ordre chronologique comme celles offertes par Fellini à Jodorowsky et ensuite à Lynch-, présentent certains éléments communs comme l'influence de la psychanalyse jungienne, d'abord avec l'acceptation de l'existence d'un monde intermédiaire entre le matériel et le spirituel et ensuite avec l'observation du fonctionnement de la pensée, qui oblige l'imagination à dépasser le fantasme, devenant un processus de transmutation intérieure.

Nous avons vu à quel point le processus de rêve était pertinent pour chacun d'entre eux, et comment de nombreuses œuvres sont également imprégnées, avec des similitudes et des différences, du grotesque populaire, afin de déformer certains aspects de la réalité et parfois de montrer les faiblesses et les contradictions de la société: ses misères et ses injustices, mais aussi pour transmettre un sens du ridicule et du comique à certains moments, ainsi que du dégoût et surtout de l'inquiétude à d'autres.

Tous deux sont des chercheurs indomptables, qui ne se sont pas arrêtés à l'apparence imposée par le voile illusoire de la réalité. Ils ont tenté de la lacérer, avec tous les outils qu'ils jugeaient utiles, en gardant l'esprit ouvert, en essayant de dépasser les dogmes imposés par la société, en essayant et en découvrant, en échouant et en intuitionnant, sans relâche, dans un processus d'apprentissage et de transmutation qui est devenu un acte créatif constant et incroyable, en creusant au plus profond d'eux-mêmes, a changé leur vie et rendu leur art puissant, innovant dans certaines circonstances sublime ou incompréhensible, jamais banal et souvent source de nouvelles interprétations à chaque vision.

Un cinéma qui fait rêver et réfléchir, qui peut divertir et déranger, qui peut ouvrir d'autres plans de réalité et rester incompréhensible, qui pose des questions, sans toujours pouvoir offrir de réponses.

Un cinéma à la recherche de la vérité, mais confondu avec l'illusion.

Un cinéma introspectif, qui analyse l'être humain en profondeur, qui n'a pas peur de montrer et d'affronter son ombre, et qui entrevoit sa lumière et sa puissance dormante.

"Tout pouvoir magique réside dans le point central de l'équilibre universel. La sagesse de l'équilibre consiste en ces quatre verbes: connaître la vérité, vouloir le bien, aimer le beau, faire ce qui est juste. Car vérité, bonté, beauté et justice sont inséparables, de sorte que celui qui connaît la vérité ne peut que vouloir le bien, l'aimer parce qu'il est beau, et le faire parce qu'il est juste[83]"

---

83. E. Levi, Le Grand Arcane, Psyché 2, 2018 (première édition Chamuel Editeur- Paris-1898), p.115

BIBLIOGRAPHIE

F. Fellini, Fare un film, Einaudi, Turin, 1980, 1993, 2015

M.L. Giordano, Gustavo Adolfo Rol 'Je suis le caniveau', Giunti, 200, 2018

Kardec A., Le livre des esprits, Edizioni Mediterranee, 2000-2007

L. Talamonti, "L'univers interdit", Oscar Mondadori, 1966.

D. Buzzati, "Fellini pour le nouveau film avait des réunions effrayantes", Corriere della Sera, 06/08/65, p. 3

C. Ferrari, "G. A. Rol, Io sono la gondaia", Giunti Editore, 2000-2018.

R. Lugli, Gustavo Rol une vie de prodiges, Edizioni Mediterranee, 1995-2008

Rol, Fellini au pays des merveilles - L'amitié avec G.A. Rol, Ombre et Lumière, vol. 119

M. Ternavasio, Gustavus Rol. Expériences et témoignages, Edizioni l'Età dell'Acquario, 2003

F. Fellini (entretien avec), Je suis voluptueusement ouvert à tout, Planète, n° 19

M. Neri, Federico Fellini (1920-2020), la Repubblica- Robinson, samedi 14 décembre 2019

D. Buzzati, I misteri d'Italia, Oscar Mondadori, 1978

D. Campanella, Occultisme, Tau Editrice, 2017

R. Guenon, La Grande Triade, Adelphi, Milan 1980

E. Servadio, La verità sull'LSD, Extrait de Rassegna italiana di ricerca psichica, année 1967, n.1-2

Revue du Grand Orient d'Italie du Palazzo Giustiniani, 1966 à 1979

R. Jeanne, C. Ford, Storia illustrata del cinema- vol. 3 il cinema contemporaneo, dall'Oglio editore, 1967

F. Rol, L'homme de l'impossible (tome 1), troisième édition 2015

Comte de Saint Germain, je suis, libraire éditeur, librairie du groupe Anima. Milan, 2018

R. Tresoldi, Esoterismo-dizionario eniclopedico, Giunti Editore 2012-2016

L. Berti, G. Angelucci, Casanova: rendez-vous avec Federico Fellini, Bompiani, 1975

A. Jodorowsky, Psychomagia, Giacomo Feltrinelli Editore Milano, 1997-2020

F. Fellini, Le voyage de G. Mastorna, Quodlibet, 2008

R. Allegri, Rol, le grand devin, Mondadori, 2004

C. Castaneda, L'art de rêver, BUR, 2007

G. Dembech, Gustavo Adolfo Rol-le grand précurseur, Aries Multimedia, 2008

D. Lynch, En eaux profondes, Mondadori Libri S.p.A., Milan, 2008

R. Manzocco, Twin Peaks, David Lynch et la philosophie, éditions Mimesis, 2010

A. Daniélou, Mythes et Dieux de l'Inde, Rizzoli, Milan, 2008

O. Wirth, Symbolisme hermétique, Edizioni Mediterranee, 2009

R. Caccia, David Lynch, Editrice il Castoro, Milan, 2008

H.P. Blavatsky, Isis Dévoilée, Armenia Publishing Group S.p.A., 1990

M. Chion, David Lynch, Lindau, 2006

C. Castaneda, Les enseignements de don Juan, BUR (Rizzoli), 2010

C. Castaneda, Le côté actif de l'infini, BUR, 1998

A. Jodorowsky, La danse de la réalité, Universale economica Feltrinelli, 2011

A. Jodorowsky, Marianne Costa, La via dei Tarocchi, Universale Economica Feltrinelli, 2005

A. Jodorowsky, Manuel pratique de psychomagie, Universale Economica Feltrinelli, 2019

E. Levi, Le Grand Arcane, Psyché 2, 2018 (première édition Chamuel Editor- Paris-1898)

SITOGRAPHIE

https://www.youtube.com/watch?v=uWpgX-HI6m4g

https://www.karmanews.it/19889/i-miei-incontri-con-rol-e-fellini/

https://www.parchiletterari.com/evento.php?ID=01751

http://www.emilioservadio.it

https://www.samorini.it/doc1/alt_aut/sz/servadio-la-verita-sull-lsd.pdf

http://massimilianomarigliani.blogspot.com/2019/05/il-film-maledetto-di-fellini-il-viaggio.html

https://www.youtube.com/watch?v=zFfFLGLiDI0

http://www.treccani.it/enciclopedia/parche/

https://www.youtube.com/watch?v=yeb-knmfyprw

https://www.youtube.com/watch?v=lyoh-cgs-4ge

https://www.massimopolidoro.com/misteri/piero-angela-e-rol-quante-fantasie-per-difendere-una-favola.html

http://gustavorol.org/index.php/it/faq

https://www.youtube.com/watch?v=kizim-mrdttg

https://nicolasrosenfeld.com/2017/11/17/201/

https://news.cinecitta.com/IT/it-it/news/54/13376/alejandro-jodorowsky-non-e-il-mio-amarcord-ma-un-film-terapeutico.aspx

https://www.youtube.com/watch?v=htq-v10kwh0

https://www.carloscastaneda.it

http://libroagrifoglio.blogspot.com/2017/10/i-tarocchi-di-jodorowsky-tra.html

L'AUTEUR

Emanuele Cerquiglini, né à Rome en 1976, est un artiste et un chercheur dans les domaines ésotérique et occulte. Il est professeur associé à l'Université SUPDI de Zoug, à la faculté de Philosophie, où il dirige également un Master de premier niveau et un Master Hautement Spécialisé en Histoire des Systèmes Ésotériques Occidentaux et une Académie en PNL. Il a reçu le 14e prix international de Carthage dans les sections: cinéma et divertissement & art et culture. Il a écrit les scénarios des films: Cronaca di un assurdo normale, In nomine Satan, et Cattivi&Cattivi.

www.cerman.info

www.studioloalchemico.com

Liste de diffusion: info@studioloalchemico.com

CONSIDÉRATIONS SUR LA DERNIÈRE PAGE

"Lorsque nous ne déterminons pas le choix, nous nous sentons privés de l'être et de l'autodétermination. À ce moment-là, nous nous trouvons dans une situation plus douloureuse que celle décrite par Kierkegaard lorsqu'il critique le choix, le décrivant comme le drame de quelqu'un qui est obligé de prendre une décision sans critère.

Nous sommes constamment sous l'influence de courants qui nous entraînent parfois très loin de là où nous voulons être.

Fermez les yeux et, dans le silence, écoutez cette subtile voix intérieure, qui sait déjà tout et vit à cheval sur le temps: dans le passé, le présent et le futur."

Printed in Poland
by Amazon Fulfillment
Poland Sp. z o.o., Wrocław
21 November 2023

2db1380d-64cb-4455-8b77-ae16922292ffR01